LA

FALSA

COMISIÓN

JOHN M. STROHMAN, J.D.

Publicado por:
Cross Centered Press
113 Village Drive
Pierre, SD 57501

Spanish Softcover ISBN: 978-0-9859949-8-3
Softcover ISBN: 978-0-9859949-3-8
Hardcover ISBN:978-0-9859949-6-9
Kindle (e-book) ISBN: 978-0-9859949-4-5
E-Pub (e-book) ISBN: 978-0-9859949-5-2

A no ser que se diga otra cosa, versos de las citas son tomados de la *New American Standard Bible, edición* 1977 y 1995 actualizada con permiso *The New American Standard Bible*®, Copyright 1960, 1962, 1963, 1968, 1971, 1972, 1973, 1975, 1977, 1995 by the The Lockman Foundation.

Algunas referencias en este libro se originan en otro libro de este autor, titulado *El Comentario Aplicado del Evangelio de Mateo*. Softcover ISBN: 978-0-9859949-0-7, Hardcover ISBN 978-0-9859949-7-6, Kindle ISBN: 978-0-9859949-1-4, E-Pub ISBN 978-0-9859949-2-1.

Si bien se han realizado esfuerzos para asegurar la precisión de este material, si usted identifica algún error en esta publicación, por favor, sírvase enviar aviso de esto a: john@CrossCenteredMissions.org. Por favor, incluya el número de Edición 4-17, el número de la página, la oración, junto con la corrección sugerida.

Editor Jefe – Trish Sargent, M.A.

DEDICATORIA

A mi amada familia.

He sido bendecido por haberles tenido a mi lado mientras trabajamos para edificar el reino de Dios, y no el reino de Strohman.

ACERCA DEL AUTOR

El rasgo más distintivo del autor es que es un pecador que, en su juventud temprana, fue salvado del juicio venidero por la gracia de Dios. Continúa reconociendo su completa dependencia en la misericordia, el perdón y la gracia de Jesucristo hasta este mismo momento.

* Otros aspectos: John M. Strohman es egresado del Colegio de Negocios de la Universidad de Iowa, y obtuvo su grado de Doctor en Jurisprudencia por la Facultad de Leyes de la Universidad de Dakota del Sur. Por más de dos décadas ha servido como Fiscal Asistente General por el Estado de Dakota del Sur. Como fiscal con casi treinta años de experiencia ha tratado una amplia variedad de casos, incluyendo la consejería para más de 170 casos presentados a la Corte Suprema de Dakota del Sur. John ha ocupado, además, cargos como el de Profesor Adjunto de la Universidad de Liberty, la Universidad Estatal de Dakota del Sur, la Northern State University, y la Universidad Cristiana de Colorado. Su experiencia en docencia incluye los niveles de grado y postgrado. En 2012 publicó El *Comentario Aplicado* del Evangelio de Mateo (2017, edición revisada y actualizada). Ha servido en juntas de misiones, y es el director actual de Cross Centered Missions. John y su esposa Sarah comparten la pasión por equipar a jóvenes para el servicio cristiano a través del discipulado, escuela bíblica dominical, estudios bíblicos, y liderando viajes misioneros cortos.

Prefacio

Es mi esperanza motivar al lector para que realice un serio examen al verdadero llamado de su vida. Incluso los cristianos pueden ser objeto de las influencias del mundo que les rodea. Algunas de estas influencias incluyen la definición secular de cómo se *supone* que el cristianismo luzca. La definición del mundo demanda que los cristianos sean agradables, hagan unas cuantas cosas buenas, que nunca juzguen, y mantengan sus bocas cerradas, a menos que aboguen por puntos de vista que no ofenderán a nadie. La recompensa para tal grado de complacencia es la aceptación mundana, aprobación religiosa y contribuciones financieras.

Este libro no explora simplemente lo que el mundo le está diciendo a la iglesia que sea, sino que, además, examina lo que un segmento creciente de la iglesia visible le está diciendo a la verdadera Iglesia que sea. Analizará cuestiones tales como si la Biblia realmente nos llama a "predicar el Evangelio en todo tiempo y, si es necesario, hacerlo con palabras." ¿Qué es lo que Jesús realmente quiso decir cuando dijo que lo hiciéramos por "uno de estos mis hermanos más pequeños?" ¿Se transforma una persona en un verdadero hermano de Cristo, por el hecho de ser pobre, estar hambriento, sediento, enfermo, en prisión, o carente de la ropa adecuada? ¿Es posible que te estés engañando a ti mismo al pensar que eres un Cristiano fiel al hacer lo que consideras que son "buenas obras" y, no obstante, ignorar lo que verdaderamente Jesús te ha ordenado hacer? ¿Quién recibe toda la gloria cuando se hacen buenas obras, pero la cruz no es proclamada? Es posible que muchas personas en la iglesia no sean otra cosa que fariseos de la era moderna, que están contentos de vestirse con una apariencia religiosa, cuando en realidad simplemente "...*tendrán apariencia de piedad, pero negarán la eficacia de ella, a éstos evita.*" (2da de Timoteo 3:5)

Hoy vives, así que todavía tienes tiempo de involucrarte en la verdadera Gran Comisión y terminar bien la carrera. ¡Manos a la obra!
[El autor no desea abrumar al lector con respecto a cuestiones de género, con innecesarias repeticiones de pronombres tales como *él* o *ella* en los comentarios generales y ejemplos de personas. El lector razonable reconocerá que en mis comentarios generales, el uso de términos como la *humanidad, el,* son presentados de manera que obviamente incluyen en ellos también, al género femenino].

ÍNDICE

THE FAKE COMMISSION

CAPÍTULO 1

¿MALAS PRÁCTICAS ESPIRITUALES?

> Jesús dijo: *"...vamos a los lugares vecinos, para que se predique también allí, porque para esto he venido"* (Marcos 1:38).

Mateo 28:18-20 es una porción de las Escrituras a la cual frecuentemente nos referimos como la Gran Comisión. ¿Por qué se le llama así? ¿Por qué es tan grande? ¿Qué es una comisión? Para responder estas interrogantes vamos a comenzar por analizar las definiciones de cada palabra. El Diccionario Webster define (en parte) estas palabras como:

> *Gran*: "Enorme, predominante, principal, mayor, noble."[1]

> *Comisión*: "(3) a: autoridad para actuar por, en nombre de, o en lugar de otro; b: tarea o asunto confiado a uno como agente ejecutor de otro...."[2]

¿Cuál es, entonces, la enorme, predominante, principal, mayor y noble tarea que se nos ha confiado para que ejecutemos en nombre de otro?

Mateo 28:18–20: *"Y Jesús se acercó, y les habló diciendo: Toda potestad me es dada en el cielo y en la*

---

[1] *Merriam-Webster Collegiate Dictionary, 11ªedicion.*

[2] Ibid.

tierra. [19]*Por tanto, id y haced discípulos a todas las naciones, bautizándolas en el nombre del Padre, y del Hijo, y del Espíritu Santo,* [20]*enseñándoles que guarden todas las cosas que os he mandado, y he aquí, yo estoy con vosotros todos los días, hasta el fin del mundo.'"*

¿Cómo define (en parte) Webster la palabra *"falsa"*?

Falso: "Algo que *no* es lo que pretende ser: imitación sin valor que pasa por ser genuina; b: impostor, charlatán; c: una simulación de movimiento en una competencia deportiva (como un fingido... o rápido movimiento en una dirección antes de ir en la otra)."[3]

¿De qué se trata entonces la falsa comisión? Es el pretender estar involucrado en una noble tarea en nombre de otro, mientras se produce una imitación sin valor por razones puramente enfocadas en el interés personal. Este libro analizará algunas de las causas, efectos y consecuencias de la falsa comisión. No finalizará con esto, sino que también se discutirá acerca de sugerencias y soluciones. Los comentarios que aparecerán en la parte inferior de algunas de las páginas serán parte de estos debates. Algunos de ellos, simplemente se limitarán a identificar las fuentes usadas, mientras que otros abundarán por unas dos páginas más, para aquellos lectores que deseen una comprensión más exhaustiva de algún concepto. Habiendo sido esto dicho a manera de guía, vayamos a nuestro primer ejemplo de una solución bien intencionada que termina muy mal.

Imagina que estás disfrutando de un placentero paseo por la acera en una bella mañana de domingo. ¡De pronto, en cuestiones de segundos, te empiezas a sentir mal repentinamente! Te tambaleas, y te agarras de una vieja cerca de madera que tienes a tu alcance, en un intento de mantenerte en pie. Un amigo que pasa en ese momento cerca de allí en su auto te ve, y se da cuenta de

---

[3] Ibid

que ocurre algo terriblemente grave. Rápidamente, el amigo se detiene, te pone en el vehículo y te lleva al hospital.

Una vez allí eres llevado rápidamente a la sala de emergencias. Justo a tu lado llega un doctor de cabello gris, quien ha estado practicando la medicina por 42 años. El doctor se percata de que te cuesta trabajo respirar, y de que estás bañado de un sudor pegajoso. Luce preocupado, y enseguida te pregunta: "Dígame, ¿cómo se siente?" Tú, por tu parte, respiras con dificultad y respondes: "Me siento con náuseas, con frío... un poco mareado". Con el dolor reflejado en tus ojos dices: "Doctor, siento una gran presión en el pecho... y adormecimiento en el brazo, un hormigueo en mis dedos". El doctor, con apariencia severa examina rápidamente tu brazo y mano y luego...sonríe y dice: "¡Ya veo cuál es su problema! Tiene una gran astilla clavada en el dedo!" Confiado en que puede aliviar tu dolor el doctor toma el frasco con alcohol para desinfectar el dedo que tiene clavada la astilla. Mientras se concentra en tu mano no se da cuenta que, por momentos, comienzas a perder la conciencia. Rápida y cuidadosamente empieza a extraer la astilla. Cuando finalmente levanta triunfante sus pinzas, mostrando la astilla, te desplomas... y mueres de un ataque al corazón.

Como abogado con casi 30 años de experiencia les puedo asegurar que el doctor ha incurrido en mala práctica médica. Mala práctica (o negligencia profesional) se define como "...una falta de deber profesional o falla para ejercitar un nivel corriente de habilidad o aprendizaje profesional... (trayendo como resultado) una práctica dañina, negligente o incorrecta."[4] ¿Por qué resultó en mala práctica la conducta del doctor? La respuesta es simple: Cuando llegaste a primeros auxilios y le dijiste al doctor que te sentías pegajoso, con náuseas, mareado, con dolor en el pecho, con dificultad para respirar, y con adormecimiento desde el brazo a tus dedos, estos síntomas clamaban a viva voz ¡que estabas teniendo un infarto! No tenia importancia que el doctor pudo *ver* que tu dedo tenía una astilla clavada, producto de la vieja cerca de

---

[4] *Merriam-Webster Collegiate Dictionary, 11th edicion.*

madera de la que te sujetaste para no caer. Era el corazón, *que no estaba a la vista*, el verdadero problema. Los textos médicos del doctor claramente establecerían que tus síntomas manifestaban tu verdadera (e *invisible*) condición... Estabas teniendo un ataque al corazón. El problema es que el doctor se *distrajo* a causa de lo que podía *ver* (la astilla). Por haber ignorado lo que dicen los textos médicos, su incompetencia seguramente le traerá como resultado la pérdida de su licencia para practicar la medicina, además de ser demandado por negligencia profesional. Evidentemente, este doctor tiene unos problemas enormes —aunque no tan grandes como los tuyos; tú te has ido— *para siempre*.

¿Cuál es, entonces, el punto de esta historia? Como cristianos podemos estar tentados a involucrarnos en una peligrosa forma de "negligencia profesional" o "mala práctica" espiritual. Esto ocurre cuando fijamos nuestros ojos en lo que percibimos como el problema en la vida de alguien, en vez de confiar en el libro de texto perfecto, la Biblia, para que sea ella quien nos diga cuál es el verdadero problema. *"...Como todas las cosas que pertenecen a la vida y a la piedad nos han sido dadas por su divino poder, mediante el conocimiento de aquel que nos llamó para su gloria y excelencia..."* (2 Pedro 1:3). Esta mala práctica espiritual se manifiesta a sí misma cuanto distorsionamos el término *misión*, para que signifique un enfoque en cuestiones sociales, necesidades físicas, construcción de locales, o promoción de alguna denominación. Cuando esto sucede hemos diagnosticado erróneamente la condición verdaderamente terminal de la persona.[5] La mayor necesidad de una persona no es escapar de la

---

[5] Desafortunadamente, esto no es tan inusual como se cree. Existen "organizaciones misioneras" que dicen ser cristianas, que, o han dejado a un lado la predicación del verdadero evangelio, o lo han relegado a un rincón verdaderamente insignificante, mientras el enfoque primario está en el alivio de las necesidades físicas existentes. A cambio de esto se les han dado grandes apoyos corporativos y las donaciones que reciben han crecido. Obviamente, cuando se involucra a personas no creyentes para que *ayuden* en el ministerio, ellos, los no cristianos no tienen interés en el verdadero Jesús, y dándoles el tiempo necesario, el verdadero Jesús será removido y, por definición, la organización deja de ser cristiana, no importa que reclame

pobreza, sino *escapar del juicio venidero*. Al igual que el doctor incompetente muchos cristianos encuentran más fácil (y también más gratificante) enfocarse en los problemas que pueden ver, en vez de creer en lo que la palabra de Dios nos dice que es un problema más serio, fatal, condenatorio y eterno, el cual no se puede ver.

La palabra de Dios deja bien claro que la *máxima* necesidad en la vida de una persona no es la comida, el vestido, el agua potable, los servicios médicos, la educación o la equidad social. Con mucho, la necesidad más grande en la vida de una persona es escapar del juicio venidero. A lo largo del mundo decenas de miles de personas entran al infierno cada día, teniendo el estómago lleno y una casa confortable. Muchos mueren en hospitales, recibiendo allí los cuidados médicos de máxima calidad. Otros perecen trágicamente, sin hogar, hambrientos y sin atención médica. El factor de igualdad, tanto de ricos como de pobres, privilegiados y despreciados, educados o analfabetos… es que todos son pecadores y todos están destinados a morir.

La Organización Mundial de la Salud ha publicado que "en 2012, un estimado de 56 millones de personas falleció en todo el mundo."[6] Esto promedia un poco mas de 153.424 muertes diarias (lo que significa que cada *treinta segundos* mueren

---

serlo. Una organización no es la que define lo que es el cristianismo —Jesucristo es quien lo define. Las Escrituras declaran que *la iglesia está sujeta a Cristo* (Efesios 5:24). También se afirma claramente que *"Cristo es también la cabeza de la iglesia, siendo él mismo el Salvador del cuerpo."* (Efesios 5:23). Una organización que clama ser cristiana, pero que después niega al verdadero Jesús, está simplemente explotando el nombre de Dios a cambio de dinero, y cubriéndose de una apariencia de piedad. Como dice 2 Timoteo 3:5: "…*tendrán apariencia de piedad, pero negarán la eficacia de ella; a éstos evita.*"

[6] Organización Mundial para la Salud - Media Centre - Fact Sheets. http://www.who.int/mediacentre/factsheets/fs310/en/index2.html

aproximadamente **53 personas).**[7] **Para las 106 personas que fallecieron en el minuto que pasó, es ahora irrelevante cuál era su condición física, estatus socioeconómico o nivel educativo. La pregunta más importante para todos ellos es: ¿Cuántos de ellos, hace tan solo un minuto, entraron a una *eternidad* condenados al infierno para *siempre*? O quizás la pregunta más exacta sería: ¿Cuántos de estos 56 millones en 2012 fueron salvados por Jesucristo y entraron a la vida eterna por siempre? Jesús nos da una vislumbre de la respuesta en Mateo 7:14 cuando usó la palabra "pocos" para describir el número de los que encuentran la vida:** *"Porque estrecha es la puerta, y angosto el camino que lleva a la vida, y pocos son los que la hallan."* **Cuando consideras los 56 millones que fallecieron en el 2012, ¿qué cifra pasa por tu mente, cuando escuchas que Jesús usa la palabra** *pocos***?**

Cuando hablamos de eternidad, estamos hablando del lugar donde pasarás los próximos 55 billones de años —(entendiendo que 55 billones de años es una mera representación del comienzo de tu eternidad infinita). Por tanto, ¡es fácil comprender por qué Jesús dejó claro que nuestro destino eterno es infinitamente más importante que la condición física de la persona, o inclusive que la preservación de nuestra propia vida en esta tierra!

> **Mateo 18:8-9:** *"Por tanto, si tu mano o tu pie te es ocasión de caer, córtalo y échalo de ti; mejor te es entrar en la vida cojo o manco, que teniendo dos manos o dos pies ser echado en el fuego eterno.* [9] *Y si tu ojo te es ocasión de caer, sácalo y échalo de ti; mejor*

---

[7] La Organización Mundial para la Salud en el 2012 promedió la tasa de fallecimientos a nivel mundial en 2012 en 56 millones. 56,000,000 muertes en 2012 / 365 días= 153,424.6 fallecimientos diarios. Hay 86,400 segundos en un día = (24 horas x 60 minutos. X 60 segundos). 153,424.6 fallecimientos diarios / 86,400 segundos por día = 1.7757 muertes por segundo. Por tanto, el número de muertes cada 30 segundos: (1.7757 muertes por segundo. X 30 segundos = 53.271). Así que, en promedio, cada 30 segundos 53 personas mueren y entran en la eternidad .

te es entrar con un solo ojo en la vida, que teniendo dos ojos ser echado en el infierno de fuego."

Lucas 12:4-5: *"Mas os digo, amigos míos, no temáis a los que matan el cuerpo, y después nada más pueden hacer. ⁵Pero os enseñaré a quién debéis temer: Temed a aquel que después de haber quitado la vida, tiene poder de echar en el infierno; sí, os digo, a este temed"*

Jesús no vino simplemente para enfocarse en "ayudar a la gente" con sus necesidades físicas diarias. Él pudo haberse quedado en el cielo y enviar a otros para que dieran este tipo de ayuda. Él vino para llevar a cabo aquello que solo Dios podía hacer: pagar la pena eterna del hombre por causa del pecado. La Biblia declara que el hombre está espiritualmente muerto como resultado de su pecado en contra de la ley de Dios. El propósito de la venida de Jesús fue el de ser la expiación por nuestros pecados.

Efesios 1:7: *"en quien tenemos redención por su sangre, el perdón de pecados según las riquezas de su gracia."*

Jesús vino también para decirle a la gente cómo ser salvos gracias a la expiación que el realizó. Él dice, en Lucas 4:43: *"...Es necesario que también a otras ciudades anuncie el evangelio del reino de Dios, porque para esto he sido enviado."*

En cualquier tipo de debate referente a misiones se debe comenzar con una definición operacional. Las misiones reales deben ser definidas como:

<u>MISIONES:</u> La iglesia verdadera (con amor por Dios y por la gente) enviando a los verdaderamente convertidos a otros lugares o culturas (tanto cercanas como distantes) con el propósito de compartir el evangelio de Jesucristo, haciendo discípulos de Jesús, bautizándoles en el nombre del Padre, del Hijo y del Espíritu Santo; enseñándoles a obedecer todas las

cosas que manda Jesús; y haciendo buenas obras sólo para la gloria de Dios.

(La nota 8 a pie de página expone la definición de misiones).[8]

---

[8] <u>Iglesia verdadera, verdaderamente convertidos</u>: El ministerio no va a funcionar con falsos conversos. Mantente alerta, pues ellos van a aparecer Hechos. 8:21–22: *"Vosotros no tenéis parte en esto, pues vuestro corazón no es justo delante de Dios, 22Por tanto, arrepentíos de vuestra maldad, y rogad a Dios, si es posible, para que la intención de vuestros corazones os sea perdonada."* Efesios 5:5: *"Porque esto sabéis con toda certeza, que ninguna persona impura o inmoral, o avara, que es idólatra, tiene herencia en el reino de Cristo y de Dios."*

<u>Amor por Dios y las personas</u>: Mateo 22:37-40: *"Y le dijo, 'Amarás al Señor tu Dios con todo tu corazón, y con toda tu alma, y con toda tu mente.' 38Este es el primero y más grande mandamiento. 39Y el segundo es semejante, 'Amarás a tu prójimo como a ti mismo' 40De esos dos mandamientos depende toda la ley y los Profetas"*. Solo el amor verdadero nos hace advertirles a las personas acerca de cómo escapar del juicio venidero y también preocuparnos acerca de su condición física. Como un rey temeroso de Dios, debemos preocuparnos de los débiles: Salmo 72:12–14: *"el menesteroso que clamare, y el afligido que no tuviere quien le socorra. 13Tendrá misericordia del pobre y del menesteroso, y salvará la vida de los pobres. 14De engaño y de violencia redimirá sus almas, y la sangre de ellos será preciosa ante sus ojos..."*

<u>Predicar en otro lugar o cultura</u>: Marcos 16:15: *"Y él les dijo: Id por todo el mundo y predicad el evangelio a toda criatura."* <u>Cerca o lejos</u>: Hechos 1:8: *"...Pero recibiréis poder cuando haya venido sobre vosotros el Espíritu Santo, y seréis mis testigos en Jerusalén, en Judea, en Samaria y hasta lo último de la tierra."*

<u>Compartiendo el evangelio de Jesucristo</u>: Romanos 10:14–15: *¿Cómo pues invocarán a aquel en el cual no han creído? ¿Y cómo creerán en aquel de quien no han oído? ¿Y cómo oirán sin haber quien les predique? 15¿Y cómo predicarán si no fueren enviados? Como está escrito: "¡Cuán bellos son los pies de los que anuncian la paz, de los que anuncian buenas nuevas!"*

<u>Haciendo discípulos, bautizándoles y enseñándoles a obedecer a Jesús</u>: Mateo 28:18–20: *"Y Jesús vino a ellos y les habló, diciendo: 'Toda autoridad me es dada en los cielos y en la tierra . 19Id por tanto y haced discípulos de todas las naciones, bautizándoles, en el nombre del Padre, el Hijo y del Espíritu Santo, 20enseñándoles a guardar todo lo que yo os he mandado; y he aquí, yo estoy con vosotros siempre, hasta el fin del mundo.'"*

<u>Buenas obras</u>: Si obedeces el mandato de amar a Dios y a tu prójimo como describe Mateo 22:37-40, compartirás el Evangelio y te ocuparás de realizar las "buenas obras" que Dios te mandó que hicieras: Efesios 2:8-10: *"Porque por gracia sois salvos, por medio de la fe, y esto no de vosotros, pues es don*

El modelo bíblico de un viaje misionero es, primero y ante todo, la proclamación del evangelio. El gran misionero neo-testamentario, el apóstol Pablo, lo explicó de esta manera:

> **1 Corintios 15:3-4:** *"Porque primeramente os he enseñado lo que asimismo recibí: Que Cristo murió por nuestros pecados, conforme a las Escrituras, [4]y que fue sepultado, y que resucitó al tercer día, conforme a las Escrituras..."*

Desafortunadamente, este no es el modelo usado en muchas de las iglesias contemporáneas. Cada verano cientos de iglesias en esta nación envían a sus grupos de jóvenes en viajes misioneros de corta duración para que se les entrene en la falsa comisión. Muchos de estos grupos que operan según los parámetros de la falsa comisión, al final se involucran en una versión religiosa de los "cascos blancos." Típicamente comienzan asistiendo a entrenamientos para fortalecer el llamado "espíritu de equipo." Entrenamiento espiritualmente irrelevante; por ejemplo alguien se para en una silla y se deja caer para atrás, siendo atrapado por el resto del grupo.[9] Luego se proyectan para dedicar una semana

---

de Dios; [9]no por obras, para que nadie se gloríe. [10]Sino que somos hechura suya, creados en Cristo Jesús para buenas obras, las cuales Dios preparó de antemano para que caminásemos en ellas." Las buenas obras ejecutadas bajo la guía del Espíritu Santo no tendrán como resultado tu propia glorificación, la de tu organización, o inclusive, la de tu iglesia o denominación —ellas glorificarán tan solo a Dios. Mateo 5:16: *"resplandezca vuestra luz delante de los hombres de tal manera, que puedan ver vuestras buenas obras, y glorifiquen a vuestro Padre que está en los cielos.."*

[9] Todavía no ha sido determinado cual es la manera en que este ejercicio edifica la fe de la persona en Jesucristo. Pienso que se supone que significa que le puedes confiar tu vida a los que andan contigo, cuanto más, una conclusión bien inocente (ej. Judas). Salmos 118:8: *"Es mejor refugiarse en el Señor que confiar en el hombre."* En vez de hacer esto debemos edificar nuestra fe por medio del estudio de la palabra de Dios. Romanos 10:17: *"La fe viene por el oír, y el oír la palabra de Dios.* "Nuestro entrenamiento debe ser significativo (ver en general 1 Corintios 9:25–27). Se nos dice *"Toda la*

enfocada en una labor de trasfondo social, tal como limpiar un área determinada, construir una instalación, o ayudar en un hogar que distribuye alimentos a las personas con desventaja social. Déjeme ser claro: Es cierto que los cristianos han de involucrarse en buenas obras tales como alimentar al hambriento, proveer abrigo y amparo, cooperar en la educación, dar atención medica y en visitar a *"los huérfanos y las viudas en sus tribulaciones"* (Santiago 1:27). Estas buenas obras deben fluir del evangelismo genuino...*mas no servir como un sustituto barato del verdadero evangelismo.* Los verdaderos equipos misioneros se tienen que entrenar en cómo presentar el evangelio bíblicamente para ser capaces de advertir a otros acerca de cómo escapar del juicio por sus pecados.

No estoy proponiendo esto como una teoría acerca de este tema. Por 18 años he entrenado a equipos misioneros de corta duración, además de haber estado involucrado en el evangelismo por más de 40 años. El objetivo de los equipos misioneros con los que he trabajado permanece igual: Predicar el evangelio *mientras se hacen buenas obras para la gloria de Dios.* Para llevar a cabo tal empresa debemos procurar con todo nuestro empeño comenzar con cristianos plenamente comprometidos. Empezar por este punto en particular ofenderá a algunas personas en la iglesia, que tienen hijos impíos. Con frecuencia viajes misioneros son entorpecidos grandemente por que los líderes del equipo sienten la presión de llevar a cualquiera que se apunte para ir (ya sean adultos o adolescentes).[10] Recuerde, este trabajo es demasiado

---

Escritura es inspirada por Dios, y útil para enseñar, para redargüir, para corregir, para instruir en justicia." (2 Timoteo 3:16)

[10] Con frecuencia alguien aparece para hablar con el líder, para que lleve a una persona en particular a ese viaje misionero, sugiriéndole que "sería bueno para 'Billy' tener esta experiencia cristiana." El problema es que el líder de la misión sabe muy bien que el tal Billy no tiene interés en las cosas de Dios, asiste al grupo de jóvenes solo porque sus padres lo obligan a ir, y hace que otros se burlen de lo que allí se enseña. Yo no llevo conmigo a un "Billy". Por muy maravilloso que se oiga el hecho de que estas "alcanzando " a Billy, el trabajo efectivo de un equipo misionero no es pasar

su tiempo tratando de *salvar* a los miembros del mismo equipo. Billy tiene a su iglesia y a su grupo de jóvenes para aprender las cosas de Dios... eso si de veras tiene algún interés en hacerlo. Si llevas a Billy en el equipo para "enderezarlo," acabará por ridiculizar al liderazgo y rebelarse en contra del trabajo. Aún más, esa persona no va a compartir efectivamente el evangelio, sencillamente porque este no es real en su propia vida. Si tiene las características de ser un líder natural, con el tiempo creará a su alrededor un grupo de descontentos. Finalmente, Billy también hará que malgastes mucho de tu tiempo, tratando de mantenerlo contento, a fin de minimizar sus quejas cuando llegue a casa con su papá, que tiene un cargo en la iglesia.

Piensa en esto de esta manera: ¿Cuántos de los grandes equipos de futbol profesional están compuestos de jugadores que nunca han jugado futbol, y como si esto fuese poco, no les gusta el juego? De la misma manera, los líderes de jóvenes necesitan librarse ellos mismos de la presión de llevar a todo el que se apunte para un viaje misionero. No te preocupes por no parecer exitoso, por el hecho de tan solo tener un grupo de cinco discípulos del Señor sólidos y comprometidos. Sí, algunos del liderazgo de la iglesia van a pensar que eres un líder de jóvenes exitoso porque tienes a 112 chicos enrolados en el viaje misionero. Ellos convenientemente ignoran que el 85% de ellos no muestra ningún fruto de por lo menos ser salvos. *Es por eso que la falsa comisión funciona tan bien para la mayoría de las iglesias* : Si el viaje misionero está enfocado en construcción de instalaciones, y en trabajo social, Billy y el resto de los no convertidos (chicos y adultos) pueden, convenientemente venir con el resto del grupo sin muchos problemas. ¡Si el trabajo misionero está realmente enfocado en la Gran Comisión, Billy será un gran problema!

También selecciona con gran cuidado los adultos que vendrán contigo. No lleves a ningún adulto que deje claro a ti o a la iglesia que él o ella está sacrificando muchísimo al ir a ese viaje. Asegúrate previamente de que tus adultos tienen una visión verdadera del trabajo que van a estar haciendo. Si carecen de un enfoque real para ejecutar la Gran Comisión, será más difícil lidiar con ellos que con los propios jóvenes. Esos adultos estorbarán el trabajo y crearán facciones mientras tratan de cambiar constantemente la visión de la misión.

Un último consejo: Si existe alguna manera posible, te sugeriría que: a) pagues tus propios gastos/recolectes tu propio apoyo para el viaje misionero y , b) no recibas ninguna remuneración por ser el líder del viaje (incluso, si eres parte del personal al que se le paga en la iglesia). Usa tu tiempo de vacaciones como otros de los adultos en el viaje. Esto sirve para dos propósitos: 1) da el ejemplo de que eres una persona que esta comprometido financieramente invirtiendo en la obra, y 2) elimina la presión que algunos ejercerán sobre ti para que cumplas sus expectativas con respecto al viaje. Si

serio para llevar a aquellos que, al final van a socavarlo. La idea no es proveer una gran "experiencia de grupo de jóvenes" para los muchachos en la iglesia. Charles Spurgeon tocó el tema cuando escribió un artículo al que tituló *"¿Apacentando ovejas o entreteniendo a las cabras?* "El punto de Spurgeon es que la iglesia no es responsable por el entretenimiento de los no creyentes (o de los mismos creyentes, si es el caso). En segundo lugar, nuestros grupos misioneros han de ser preparados-entrenados- equipados para seguir las palabras de Cristo y alcanzar las almas perdidas como propósito primordial de la misión (es decir, presentar el verdadero evangelio).[11] Los grupos asimismo son preparados-

---

no aplicas estos dos conceptos, habrá personas que creerán que si te están pagando… tú les perteneces. Algunos ven a la iglesia con una mentalidad de consumidores espirituales. Ellos esperan obtener ciertos servicios, reconocimiento, y poder por el dinero que aportan. Si no estás recibiendo nada, sino que simplemente sirves a costo de tus propios recursos y vacaciones, entonces estás más libre para ministrar, al mismo tiempo que has debilitado drásticamente la queja del consumidor, cuando no esté satisfecho con el verdadero viaje misionero. Pablo dijo en 2 Tesalonicenses 3:7-9: *"Porque vosotros mismos sabéis de qué manera debéis imitarnos, pues nosotros no anduvimos desordenadamente entre vosotros, [8]ni comimos de balde el pan de nadie, sino que trabajamos con afán y fatiga día y noche, para no ser gravosos a ninguno de vosotros; [9]no porque no tuviésemos derecho, sino por daros nosotros mismos un ejemplo para que nos imitaran."*

[11] Nosotros típicamente empezamos estableciendo que, todos los miembros del equipo tienen que completar una lectura requerida de la Biblia, así como estudio de los materiales y tiempo de oración, todo lo cual tiene lugar por 50 días antes del viaje. También se requieren cinco talleres en los cuales se enseña cómo hacer evangelismo. Unos pocos días antes de salir en el viaje el grupo pone a prueba las habilidades adquiridas en los talleres y encuentros previos por medio del evangelismo en las calles. Esto les proporciona experiencia evangelística, al igual que establece parámetros como los de alcanzar a otros en sus propias comunidades, antes de ir a otro lugar. Un grupo bien entrenado tiene como resultado un viaje de jóvenes exitoso. Típicamente nuestro grupo, de aproximadamente 40 miembros, alcanza un promedio 1,500 personas por día (incluyendo los días del viaje) con Nuevos Testamentos, tratados y predicaciones al aire libre mientras el viaje dura. Los miembros del grupo también se involucraran en proyectos

entrenados-equipados para involucrarse de manera activa en proveer para las necesidades físicas de las personas con las que compartan el evangelio.[12]

> Deuteronomio 10:18: *"Que hace justicia al huérfano y a la viuda, que ama también al extranjero, dándole pan y vestido."*

No se puede sustituir la definición genuina de la predicación del evangelio con el activismo social. Algunos proclaman que *"predican el evangelio"* a través de sus buenas obras (tema este que será tratado más tarde). La falsa comisión sutilmente desecha la predicación del evangelio genuino y se satisface con observar la conducta que el mundo define como "buena". Como los fariseos de antaño, el falso comisionado está satisfecho con involucrarse simplemente en los aspectos externos de la piedad. Los reconocimientos positivos recibidos de parte de amistades, clubes de servicios comunitarios, organizaciones humanitarias, y organizaciones religiosas son un gozo mas que suficiente para él.

---

de servicio comunitario, los cuales incluyen pintar instalaciones y casas, construcción, distribución de alimentos y ropas, etc.

[12] Cada uno de los viajes misioneros cuenta con proyectos de servicio cristiano que la persona debe llevar a cabo en su propia comunidad. Las oportunidades están disponibles por varias semanas antes del viaje. Algunos de los ejemplos de esto incluyen ministrar en una escuela interna, servir en una Escuela Bíblica de Verano, trabajo limpiando patios, pintar, etc. Todos estos proyectos de servicio tienen como enfoque compartir el evangelio con aquellos a los que se está ayudando. El entrenamiento antes del viaje, en cuanto al servicio que se ofrecerá, hace que un grupo sea efectivo a la hora de llegar al lugar seleccionado para ir de misiones. De más está decir que la lectura de la Biblia y el proyecto de servicio y sus requerimientos también sirven como un buen filtro para evitar que algunos jóvenes se apunten para el viaje. El chico que va a la iglesia, pero que todavía no es verdaderamente convertido, que solo está buscando un "viaje divertido" para librarse de sus padres, puede que no esté dispuesto a entregar 50 días de estudio bíblico y servir a otras personas. Un campamento puede sonar como una mejor opción para él.

Las Escrituras nos previenen diciéndonos que tales personas son realmente aquellos que *"... tendrán apariencia de piedad, pero negarán la eficacia de esta; a estos evita..."* (2 Timoteo 3:5)

Lo cierto es que la comunicación del verdadero evangelio y las buenas obras son los dos extremos de una espada de dos filos. La Gran Comisión siempre incluirá la proclamación del evangelio guiada por el Espíritu Santo, el hacer discípulos, y la manifestación de las buenas obras *guiadas por el Espíritu*. Tito 2:11–15 establece lo que el servicio cristiano Bíblico es realmente:

> *"Porque la gracia de Dios se ha manifestado para salvación de todos los hombres, ¹²enseñándonos que, renunciando a la impiedad y a los deseos mundanos, vivamos en este siglo sobria, justa y piadosamente, ¹³aguardando la esperanza bienaventurada y la manifestación gloriosa de nuestro gran Dios y salvador Jesucristo ¹⁴quien se dio a sí mismo por nosotros para redimirnos de toda iniquidad y purificar para sí un pueblo propio, celoso de buenas obras. ¹⁵Esto habla, y exhorta y reprende con toda autoridad. Nadie te menosprecie"* (Tito 2:11–15).

Note que nuestra definición de misiones comienza con la premisa del amor guiado por el Espíritu Santo para con Dios y el prójimo. Solo este amor verdadero va a hacer que prevengamos a las personas acerca de cómo escapar del juicio venidero, al igual que nos preocuparemos de su condición física: *"A Jehová presta el que da al pobre...."* (Proverbios 19:17). El cristiano reconoce la brevedad de esta vida, y la severidad de la condenación eterna. El reconocer estos dos extremos deja claro que la prioridad fundamental al cuidar de otros es el ministrarle al alma eterna de la persona. Algunos pueden expresar que han visto gente en condición tan deplorable, que hay que suplir sus necesidades físicas primero que todo, y que en algún momento se les hable de Cristo (cuando estén listos para oír). He podido presenciar yo mismo algunas condiciones terribles también. Lo cierto es que si realmente se desea se puede alimentar, asistir médicamente, construir y rescatar, mientras se predica el evangelio simultáneamente. En un minuto o dos usted puede hablarle de Cristo a una persona mientras haya aún vida en ella. He aquí lo que necesita ser recordado: Se puede echar una mirada a los terribles estragos que quedan como resultado de una tragedia natural, o inclusive la brutal carnicería de un campo de batalla cubierto de cadáveres y decir que es "un infierno en la tierra". Tal vez es "un infierno en la tierra"...pero no es *el infierno*.

Desafortunadamente muchas organizaciones y ministerios que se llaman a sí mismos misiones se identifican con una causa o servicio asistencial en algún área determinada, y no se dedican activamente a la predicación del evangelio. Para entender la prioridad de la predicación pregúntese a sí mismo cual necesidad justificaría la existencia de las verdaderas misiones, si llegase el día en el cual el mundo tuviera

- Agua potable para *todos*;
- Alimentos sanos para *todos*;
- Vivienda excelente *para todos*;
- La mejor atención sanitaria para *todos*;
- La mejor educación para *todos*;
- Justicia social para *todos*;
- Ausencia de víctimas del tráfico de personas;
- *todos* tuvieran una cuenta bancaria enorme y una pensión segura....

La respuesta sigue siendo la misma. La necesidad de misiones verdaderas (la predicación del evangelio) sería tan grande como es hoy en nuestro mundo caído. ¿Y por qué? Incluso, en un mundo ausente de necesidades físicas y materiales la necesidad suprema de un ser humano todavía sigue siendo la misma: escapar del juicio eterno venidero.

El enemigo principal en la vida de una persona es su pecado y la muerte segunda. Ezequiel 18:4: "*El alma que pecare, morirá*". La estadística no ha cambiado... 10 de 10 morirán en algún momento de su existencia. Todavía peor es el juicio que sigue a la muerte: Hebreos 9:27: "*...está establecido para los hombres que* *mueran una sola vez, y después de esto el juicio...*" El evangelio proclama la única cura contra el enemigo principal que es la muerte: 2 Timoteo 1:10: "*...pero que ahora ha sido manifestada por la aparición de nuestro Salvador Jesucristo, el cual quitó la muerte y sacó a luz la vida y la inmortalidad por el evangelio*" La eliminación de los males sociales no salva el alma. La vida más feliz y cómoda en este mundo carece de valor cuando el final es ser condenado al infierno por el pecado. Así, ni más ni menos, lo expresó Jesús:

> Mateo 16:26: " *Porque, ¿qué aprovechará al hombre si ganare todo el mundo, y perdiere su alma? ¿O qué recompensa dará el hombre por su alma?*"

Este no es un libro para teorizar sobre las concepciones académicas de justicia social y distribución equitativa de la riqueza. No intento volver a discutir términos anémicos como "equilibrio" o "moderación" a la hora de debatir sobre evangelismo y buenas obras. Este es, meramente, un intento falible para la elaboración de un "libro de campo"[13] en donde se comenta acerca de un par de los muchos principios desplegados en el único libro perfecto e infalible: La Biblia.

Estamos aquí para prevenir a otros acerca del juicio, de manera que ellos también puedan conocer el único camino que existe para escapar del infierno a través de la salvación en Jesucristo. Es por eso que existe la Gran Comisión. La *Gran Comisión* no la define ninguna persona u organización religiosa. La definición y mandato para involucrarnos de lleno en la Gran Comisión han

---

[13] Un libro de campo se define como: "Un libro en el cual el encuestador u otro técnico... anota las mediciones y otras notas técnicas tomadas en el campo." (Diccionario Oxford). He usado el término "libro de campo" en el sentido de que este libro representa las observaciones y las experiencias que he tenido en el evangelismo, las misiones, y al vivir la vida cristiana.

sido dados directamente por el mismo Jesucristo. Es por eso que hay una Gran Comisión.

> **Marcos 16:15:** *"Y él les dijo, 'Id por el mundo y predicad el evangelio a toda criatura'".*

> **Mateo 28:18-20:** *"y Jesús se acercó y les habló diciendo: Toda potestad me es dada en el cielo y en la tierra. [19]Por tanto, id, y haced discípulos a todas las naciones, bautizándoles en el nombre del Padre, y del Hijo, y del Espíritu Santo, [20]enseñándoles que guarden todas las cosas que yo os he mandado, y he aquí yo estoy con vosotros todos los días, hasta el fin del mundo.'"*

¿Y qué hay de aquellos que dicen que "aman a Jesús", pero no obedecen sus mandamientos? La realidad es que, verdaderamente, no le aman. Están simplemente cambiando el significado de la palabra amor por algún sentimentalismo emocional. Jesús mismo es aquel que dijo en Juan 14:15: *"Si me amáis, guardad mis mandamientos"*

¡No te desanimes y dejes de leer! Este asunto de *La Gran Comisión vs La falsa Comisión* merece que tomes de tu tiempo y lo estudies. Un creyente de verdad no quiere terminar viendo la obra de su vida arder, como el heno y la paja (1 Corintios 3:12-15).

Debemos recordar que el cristianismo gira alrededor de la persona de Jesucristo, no en torno a nosotros. La verdad acerca de lo que significa "predicar el evangelio" es que el fundamento debe ser solo Jesucristo.

> **1 Corintios 3:11-15:** *"Porque nadie puede poner otro fundamente que el que está puesto, el cual es Jesucristo. [12]Y si sobre este fundamento alguno edificare oro, plata, piedras preciosas, madera, heno, hojarasca, [13]la obra de cada uno se hará manifiesta, porque el día la declarará, pues por el fuego será revelada, y la obra de cada uno cual sea, el fuego la*

probará. [14]*Si permaneciere la obra de alguno que sobreedificó, recibirá recompensa.* [15]*Si la obra de alguno se quemare, él sufrirá pérdida, si bien él mismo será salvo, aunque así como por fuego."*

Todavía tienes tiempo para escribir el fin del libro de tu vida. Toma por ejemplo la vida de Alfred Bernhard Nobel, nacido en Estocolmo, Suecia, el 21 de octubre del 1833.[14] Era ingeniero y un químico muy exitoso, cuya especialidad eran los explosivos y las municiones. Él inventó un detonador y una tapa para cargas explosivas que marcaría el surgimiento de la época de los explosivos de alta intensidad. Su invento lo convirtió en un hombre muy adinerado. Más tarde inventó la dinamita. Esto también fue un gran éxito, trayendo como resultado una gran fortuna y patentes de invención tanto en Gran Bretaña como en los Estados Unidos.

En el 1888 su hermano Ludwig falleció mientras estaba viviendo en Francia. Un periódico francés confundió a Ludwig con Alfred y publicó titulares que decían: "Ha muerto el mercader de la muerte." Alfred leyó su obituario ocho años antes de tiempo. Cuando Alfred falleció en el 1896 dejó una gran parte de su patrimonio financiero para crear premios en Química, Fisiología, Física y Literatura. Además, extrañamente, también creó un premio que no calificaba en la categoría científica o intelectual... Era un premio a la paz —el famoso Premio Nobel de la Paz—. Muchos especulan que la creación por Alfred Nobel del Premio de la Paz estuvo, en parte, influenciada por haber leído su obituario prematuramente, y el haber meditado en cómo la obra de su vida sería al final evaluada por los demás.[15]

---

[14] *Encyclopedia Británnica;* "Alfred Bernhard Nobel." *Enciclopedia Británica* *Online* 2014.

[15] La historia del Nobel y la información ha sido tomada de *Enciclopedia Británica;* "Alfred Bernhard Nobel." *Enciclopedia Británica Online 2014.*

Como cristianos sabemos que nuestra obra será al final evaluada por Dios. Siéntate y medita cómo sería escrito tu obituario prematuramente, si fuese a ser redactado en el día de hoy. ¿Haría meramente mención de tu historia laboral, tu ministerio de servicio, tu ayuda en una iglesia, además de incluir los nombres de los miembros de tus seres queridos?¿ Y qué de tu obituario a la luz del cumplimiento de la Gran Comisión de Cristo? Todos nosotros sabemos que hay mucho más que pudiéramos estar haciendo para construir el reino de Dios, y no mi propio reino. Sí, solo pensar en ello nos deja con nuestros rostros inclinados y un vacío en el estómago. Somos débiles. Somos pecadores. No somos tan fieles como deberíamos ser. ¡Pero en todo esto estamos también tan agradecidos a Dios por su perdón en Jesús! El Señor en su misericordia nos limpia, fortalece, y nos coloca una vez más en el camino estrecho. Jesús dijo: *"Lo que es imposible para el hombre es posible para Dios"* (Lucas 18:27). Levantémonos para obedecer los mandatos del Señor y cambiar el obituario final para así escuchar las palabras de nuestro Maestro diciendo: *"...Bien hecho, siervo bueno y fiel. Sobre poco fuiste fiel, sobre mucho te pondré, entra en el gozo de tu Señor."* (Mateo 25:21).

Vivimos en una sociedad donde a las personas le fascinan las estrellas del rock, los actores y actrices, los atletas y los activistas religiosos y sociales que promueven un sinnúmero de causas. A pesar del hecho de que algunas de esas celebridades viven estilos de vida repulsivamente inmorales, son ovacionados por doquier, a causa de su "gran sensibilidad social."[16] La nuestra es una generación consumida por la *apariencia* de preocupación, que va desde listones de colores, pulseras de goma, brazaletes hasta "hashtags" y otras "tendencias" en redes sociales. Existe una

---

[16] Al igual que las celebridades hipócritas, ejemplos de justicia fingida se han deslizado dentro de la iglesia desde el principio (cf. *Ananías y Safira* —Hechos 5:1-10).

competencia sutil para asegurarse de que los demás sepan que "¡yo me preocupo más que tú!" A pesar de lo serias que algunas de estas causas puedan llegar a ser, el posar públicamente para dar a conocer cuánto nos preocupamos es hipócrita y no el comportamiento que se espera del cristiano.

El joven contemporáneo, obsesionado con los medios de difusión masiva, está ingenuamente impresionado con las fotos en la red y con los videos narrados de su atleta o estrella de cine favorita, y de cómo se entregan en grandes actos de generosidad, o hablan apasionadamente a favor de la última causa popular.[17] El joven decide que él también quiere ser visto por los demás y por sí mismo como una persona que está "marcando la diferencia." Examina la siguiente historia para que veas de qué manera ocurre en tu cotidianidad.

Digamos, por poner un ejemplo, que tienes a un muchacho en el grupo de jóvenes de tu iglesia, que asiste a una universidad local. El estudiante tiene un profesor de estudios sociales, el cual es muy popular con el resto de los estudiantes. En clases el profesor abiertamente expone su punto de vista liberal, e impresiona a los demás con su discurso acerca de preocuparse por los demás, así como su rechazo por las "corporaciones codiciosas." Durante el semestre el profesor anima a sus alumnos a involucrarse en actividades, las cuales él dice que son para el "bien de la comunidad." Explica que tales actividades pueden incluir una amplia gama de temáticas tales como "el medio ambiente, el hambre, la falta de hogar, el racismo, el tráfico de

---

[17] Las Escrituras nos previenen de que llegará el tiempo cuando gente malvada y falsos maestros se disfrazarán como justos, pero sin Dios

2 Timoteo 3:1-5: *"también has de saber que en los postreros días vendrán tiempos peligrosos. ²Porque habrá hombres amadores de sí mismos, avaros, vanagloriosos, soberbios, blasfemos, desobedientes a los padres, ingratos, impíos, ³sin afecto natural, implacables, calumniadores, intemperantes, crueles, aborrecedores de lo bueno, ⁴traidores, impetuosos, infatuados, amadores de los deleites más que de Dios, ⁵que tendrán una apariencia de piedad, pero negarán la eficacia de esta; a estos evita."*

personas, derechos a favor del aborto, derechos de los homosexuales, el acoso, o la inscripción de votantes."

Aquí está ahora el dilema para ese miembro del grupo de jóvenes de tu iglesia: ¿Qué hará ese joven cristiano? : (a) ¿una venta de pasteles en su escuela para recaudar fondos a fin de "ayudar a aminorar el calentamiento global"?, o (b) ¿se involucrará gozosamente en el evangelismo, compartiendo con sus compañeros estudiantes acerca de Jesucristo, y luego les dará un tratado? El estudiante sabe muy bien en que manera serán vistas las dos opciones por su profesor, así como por la mayoría de sus compañeros de aula. ¡Quizás vean con mucho agrado esta venta de pasteles como un pequeño, pero heroico intento de no quedarse con los brazos cruzados, mientras los hielos árticos se derriten bajo las pequeñas zarpas de los tiernos cachorros de oso polar! Habrá incluso algunos que perciban al estudiante como un intelectual, al estar celosamente a favor de una causa mundial y políticamente correcta. Resumiendo, su profesor le dirá que es un alumno comprometido y "un ejemplo" a seguir por otros. ¿Quién sabe...? ¡Tal vez el periódico o hasta la televisión local quieran hacer una pequeña historia o programa acerca de él, presentándole como un joven preocupado por la ecología, uno de los que "marcan la diferencia!"

Por otro lado, él sabe que si reparte tratados que hablen de Dios, lo más probable es que esto traiga como consecuencia muchos ceños fruncidos. Puede que, al principio, su profesor trate de corregirlo, diciéndole que existen "muchas otras formas de ayudar a la gente." Si el estudiante no hace caso, sino que continúa dedicado a testificar, la respuesta no se hace esperar y es más directa. El profesor puede señalar (frente a otros alumnos) que él no está "realmente ayudando a otros," sino que está "molestando a otros, tratando de meterles su religión por los ojos". El maestro también puede inyectar una amenaza velada, que lo que está haciendo va "en contra de la ley." Pronto el estudiante comprenderá que no recibirá ningún elogio acerca de cuán comprometido, generoso, inteligente, progresista o tolerante es. En vez de eso, se le acusa de ser prejuicioso, retrógrado, de mente estrecha, sectario, fanático intolerante, y un acosador, que está involucrado en "discursos de odio." Los demás autodenominados cristianos en el aula entenderán el mensaje también... adaptarse o sufrir la misma acusación.

Detente por un momento y escudriña un poco más profundamente dentro de tu propia vida. ¿Cómo responderías si fueses tú ese joven? No muchos seguirían adelante haciendo lo que Jesús nos mandó —amar a las personas suficiente como para decirles cómo pueden ser salvas. Muchos de los que proclaman ser cristianos ignoran lo que es el verdadero evangelismo-discipulado, y se deslizan hacia cualquier otro *ministerio*, excepto aquel que ha sido establecido bíblicamente como nuestra principal tarea. Se honesto contigo mismo. ¿Cómo quieres ser visto por los demás? Muchos dentro de la iglesia están mucho más cómodos con un servicio cristiano respetable dentro de los muros del local de la iglesia, que con enfrentar la persecución por causa del evangelio en público. Quizás ese servicio respetable y reconocido es ser diácono, maestro de la Escuela Bíblica Dominical, tener un puesto en la junta de misiones, cantar en el grupo de alabanza y adoración, asistir a un estudio bíblico, o incluso hornear un pastel para tener un tiempo de compañerismo. A todos nos han sido dados dones espirituales para usarlos para la edificación de la iglesia, pero ese servicio dentro de la iglesia no anula la obra que cada cristiano es llamado a hacer fuera de la iglesia.

El hombre promedio en el grupo de hombres de la congregación estará de acuerdo en reunirse a dar unos cuantos martillazos en algún proyecto de construcción de la iglesia, pero no se puede contar con él para hacer visita puerta a puerta en alguna salida evangelística. Puede que alguna de las damas sea muy respetada y conocida a causa de sus oraciones por "las almas que se pierden" o por "su ofrenda para misiones", pero realmente nunca ha evangelizado ella misma. Como alguien dijo: "Es más fácil hablarle a Dios del hombre, que hablarle al hombre acerca de

Dios".[18] Ese tipo de mentalidad estará alojada con frecuencia en algunos líderes o pastores dentro de la iglesia, que reconocen cuán poco predican el evangelio fuera del recinto de la iglesia y de su trabajo como pastores. A pesar de que esto se acepta como una conducta adecuada dentro de la iglesia, demuestra una gran falta de conexión entre la fe que se profesa y las acciones resultantes de esa fe. Jesús dijo:

> "Porque el que se avergonzare de mí y de mis palabras en esta generación adúltera y pecadora, el Hijo del Hombre se avergonzará también de él, cuando venga en la gloria de su Padre con los santos ángeles". Marcos 8:38.

Pero vayamos más allá de lo hipotético y hablemos de ti y de mi. Si fueses a identificarte con alguna de las opciones A y B que a continuación se describen, ¿cuál de ellas elegirías? Sé honesto:

> A. Te involucras en la acción del trabajo social (United Way, ministerios de servicio, donación de alimentos, apadrinar a un huérfano, maestro de la Escuela Bíblica Dominical, ser miembro de algún comité o junta, aporte financiero, etc.). También sirves dentro de los límites de la iglesia (a través de un estudio bíblico, como maestro de la Escuela Bíblica Dominical, siendo parte de algún comité, aportando financieramente, etc.) Una vez, hasta te apuntaste en un viaje misionero para "ayudar a los menos afortunados". También has ido a seminarios y conferencias cristianas, e inclusive, una vez fuiste a un "Crucero Cristiano". Incluso, tratas de "ayudar en el crecimiento de la

---

[18] Ray Comfort of Living Waters Ministry. Su punto es claro. Obviamente tenemos que hacer ambos, i.e. hablarle a Dios del hombre y al hombre de Dios.

congregación", lo cual significa que dos veces al año invitas a alguien a la iglesia.

[Como resultado de tu elección, serás visto como una persona buena y generosa, quien es un miembro sólido y activo en la iglesia. Recibirás elogios y sonrisas de aprobación de parte de muchos dentro y fuera de la iglesia visible].

O

B.   Eres fiel en la verdadera iglesia, así como en el estudio de la palabra de Dios y en la oración. Te involucras directamente en el evangelismo genuino como una parte cotidiana de tu estilo de vida, producto de tu amor por Dios y la obediencia a su palabra. Posees un amor verdadero por los no salvos, de tal manera que les haces saber la verdad de lo que Dios dice acerca de su condición espiritual actual y su futuro destino en el infierno (a través de la palabra, tratados, libros, etc.). También tratas de proveer fondos financieros, ayuda física, y todo tipo de buena obra, como dicen las Escrituras que has sido llamado a hacer. Sales en viajes misioneros para predicar el evangelio (a través de la palabra y de literatura), y ayudas según la necesidad espiritual y física mientras estás allí. Estás, asimismo, listo a confrontar de manera directa a cualquier falsa enseñanza concerniente al evangelio. Estás consciente de que tú mismo eres también débil y estás en constante necesidad de la misericordia de Dios, su gracia, su perdón y su fuerza.

[El resultado de esta opción es que serás visto como un radical. Algunos dirán que tu juzgas a los demas. No recibirás el aplauso de aquellos de afuera de la iglesia visible y, dentro de ella, de muy pocos. Algunos en la iglesia expresarán que estás siendo un mal testigo de Cristo, porque estás "ahuyentando a la gente hablándoles del infierno". Se te dirá que debes testificar diciéndoles a otros de "cuánto Dios les ama tal como son". Unos pocos amigos se apartarán de ti, e incluso, sufrirás alguna persecución].

La mayoría de las personas en la iglesia visible prefieren que los demás los identifiquen como la "persona A". Algunos quisieran ser vistos como la "persona B", pero, viéndose obligados a ser "realistas", eligen el estilo de vida de la "persona A". Aquellos de ustedes que elijan vivir como una "persona B" —a pesar de las pruebas, tribulaciones, persecuciones y falsas caracterizaciones—, estarán acercándose más a su Señor. Sus relaciones con verdaderos hermanos y hermanas en Cristo se harán más profundas y llenas del amor de Dios. Un gozo indescriptible guardará sus mentes y corazones, incluso, en tiempos difíciles, porque han sido fieles al llamado de Jesús y no a los parámetros del mundo. 2 Crónicas 16:9: *"porque los ojos del Señor contemplan toda la tierra, para mostrar su poder a favor de los que tienen corazón perfecto para con él...."*

Las pruebas y persecución de la "persona B" no deberían tomar por sorpresa al discípulo. Él ya entiende que el incrédulo no ve valor en la muerte de Cristo en la cruz:

1 Corintios 1:18: *"Porque la palabra de la cruz es locura para aquellos que se pierden, pero a los que se salvan, esto es, a nosotros, es poder de Dios".* Jesús ya nos puso sobre aviso sobre las pruebas que habrían de venir:

Juan 15:18-19: *"Si el mundo os aborrece, sabed que a mí me ha aborrecido antes que a vosotros. [19]Si fuerais del mundo, el mundo amaría lo suyo, pero porque no sois del mundo, antes yo os elegí del mundo, por eso el mundo os aborrece".*

Este libro es un llamado a poner fin a la falsa comisión. Es un llamado a ponerle fin a los viajes cortos a zonas desgarradas por la pobreza con el único propósito de reparar algo, y no el de realmente compartir el evangelio verdadero de Cristo.[19] Es un llamado a dejar de subir fotos a la red, mostrándote a ti, "pasando un tiempo" con niños pobres para mostrar "cuánto te importan", cuando no te importa si terminan en el infierno. Es un llamado para dejar de decir que estás allí "solo para darles amor" cuando esto lo que realmente significa es que vas a ayudar a repartir algunos "regalos y donaciones", pero no tienes la intención de decirles del Salvador amoroso que dio su vida por ellos. Finalmente, es un llamado a dejar de engañarte a ti mismo y de pensar que estás siendo obediente a la Gran Comisión a través de la asistencia a innumerables estudios bíblicos, grupo de hombres, grupos de jóvenes, grupos de damas, ensayos de grupos de alabanza, cultos de oración, reuniones de la junta directiva de la congregación, conferencias bíblicas, convenciones de misiones, reuniones de misiones y mesas bufet —si no tienen como uno de sus objetivos primordiales verdaderamente salir del edificio de la iglesia para predicar el evangelio.

---

[19] Viajes misioneros a corto plazo que no estén enfocados en la Gran Comisión pueden transformarse en una gran carga para misioneros de tiempo completo, que son los anfitriones del grupo. Se sienten abrumados con la responsabilidad de dar una "maravillosa experiencia" a los que llegan. Con frecuencia esto tiene como resultado que los misioneros abandonen sus responsabilidades regulares en las misiones, para transformarse en cuasi-guías de turismo, y proveer actividades para el grupo visitante. El problema es peor si algunos miembros del grupo visitante de corto plazo no están entrenados, y simplemente buscan una experiencia, una aventura o algo para poner en su currículo o solicitud para universidad.

La iglesia verdadera es la institución ordenada por Dios para equipar a los santos y enviar misioneros. ¡Es una hermosa institución! Nosotros, como cristianos, somos frágiles y débiles, razón de sobra para ser dependientes del Espíritu Santo para cumplir la obra a la cual Dios nos llama —(parte de la cual incluye el evangelismo). El cristiano verdadero no es aquel que trata de ganar su senda al cielo. Son los impíos los que tratan de justificarse ellos mismos por medio de actividades religiosas, y por llamar a Jesús *Señor* de vez en cuando. Cuán devastador será para los falsos, oír a Jesús decir que nunca les conoció:

> Mateo 7:21-23: *"No todo el que me dice "Señor, Señor", entrará en el reino de los cielos, sino el que hace la voluntad de mi Padre que está en los cielos. 22Muchos me dirán en aquel día: Señor, Señor, ¿no profetizamos en tu nombre, y en tu nombre echamos fuera demonios, y en tu nombre hicimos muchos milagros?" 23Y entonces les declararé, 'nunca os conocí; APARTAOS DE MÍ, HACEDORES DE MALDAD'".*

¿Por qué un número tan grande de aquellos que dicen ser cristianos hacen caso omiso a la *Gran Comisión* y abrazan la *falsa comisión*? La respuesta a esta interrogante incluye un amplio espectro que va desde no estar entrenado, ser inmaduro, temeroso, desobediente o, en el peor de los casos, un falso cristiano.

¡Te desafío a que no te sientas desesperanzado; no te rindas ni dejes de leer! Hay gran esperanza para aquellos que no han sido entrenados, los de corazón apocado, los inmaduros, desobedientes e inclusive, para el falso cristiano. ¡Hay incluso esperanza para ti y para mí! Esa esperanza no está en tus talentos, ardua labor o determinación, sino en el poder de Dios: *"Mirándoles, Jesús les dijo: "Para los hombres es imposible, pero no para Dios, pues todas las cosas son posibles para Dios".* (Marcos 10:27). Bien… puedes seguir adelante!

Cuestiones a ser tratadas en los siguientes capítulos incluyen:

- (Capítulo 2) ¿Qué es el verdadero evangelio?
- (Capítulo 3) ¿Qué es la falsa comisión?
- (Capítulo 4) ¿Qué es el verdadero discipulado?
- (Capítulo 5) ¿Qué hay acerca de las buenas obras y la escritura: "por cuanto no lo hicisteis a uno de los más pequeños..."?
- (Capítulo 6) ¿Qué es la Gran Comisión?
- (Capítulo 7) ¿Cómo comienzo a evangelizar de manera efectiva?

Para tratar estas preguntas de manera efectiva uno debe comenzar con un examen de lo que es el *verdadero evangelio*. Existen importantes líderes cristianos que han expresado gran preocupación de que hay un gran sector de la iglesia visible que permanece inconverso. Una razón para este problema es que a muchos se les ha presentado un evangelio falso. Un evangelio falso resulta en falsos convertidos, que luego salen y perpetúan la falsa comisión.

Existe solo una cosa peor que ser una persona no salva dirigiéndose a un destino eterno en el infierno. Y esa cosa es ser una persona no salva dirigiéndose a un destino eterno en el infierno —pensando que es salva.[20]

---

[20] Para una mejor aclaración, cuando hago una referencia general al término "infierno", me estoy refiriendo al destino final de aquellos que son condenados, el cual es el lago de fuego: "*Y el nombre que no se halló en el libro de la vida, fue lanzado al lago de fuego.*" (Apocalipsis 20:15). Cuando hago una referencia general al término "cielos" me estoy refiriendo a los salvos que reciben la vida eterna: "*Y el testimonio es este, que Dios nos ha dado vida eterna, y esta vida está en su Hijo*". (1 Juan 5:11). [Note que la Escritura nos enseña de un tiempo en el que habrá nuevo cielo y nueva tierra : "*entonces vi un nuevo cielo y una nueva tierra, porque el primer cielo y la primer tierra pasaron, y ya no hay ningún mar* " (Apocalipsis 21:1)].

CAPÍTULO 2

¿Qué es el verdadero evangelio?

"Te encarezco delante de Dios y del Señor Jesucristo, que juzgará a los vivos y a los muertos en su manifestación y en su reino, ²que prediques la palabra; que instes a tiempo y fuera de tiempo; redarguye, reprende, exhorta con toda paciencia y doctrina. ³Porque vendrá tiempo cuando no sufrirán la sana doctrina, sino que teniendo comezón de oír, se amontonarán maestros conforme a sus propias concupiscencias, ⁴y apartarán de la verdad el oído y se volverán a las fábulas". (2 Timoteo 4:1-4).

EL término evangelio significa *buenas noticias*. ¿Cuáles son las buenas noticias? Para entender las *buenas noticias* debes entender las *malas noticias*. Las mala noticia es que a pesar de tus pensamientos positivos y placenteros acerca de tu propia bondad has vivido como un enemigo de Dios,[21] un

---

[21] Santiago 4:4: *"¡Oh, almas adúlteras!, ¿no sabéis que la amistad del mundo es enemistad contra Dios? Cualquiera, pues, que quiera ser amigo del mundo, se constituye enemigo de Dios".*

violador de su ley, y un día enfrentarás el justo juicio de Cristo cuyo castigo son las llamas del infierno por la eternidad.[22] La buena noticia es que por el poder de Dios: puedes ser perdonado, escapar del castigo eterno en el infierno, tener segura la vida eterna, y morar con Dios en los cielos por siempre! Dios te dice que te arrepientas de tus pecados y pongas tu fe únicamente en el único sin pecado, el Señor Jesucristo, como Dios todopoderoso, quien murió en la cruz para cargar el castigo eterno por tus pecados, y creas en su resurrección de los muertos.

Si no es presentado un evangelio preciso, las personas van a crear el suyo propio, su propia versión de lo que significa seguir a Jesús. Uno debe entender que el verdadero Cristianismo:

- No se trata de ser recompensado con la vida eterna por ser bueno y ayudar a los pobres o débiles.
- No se trata de ganar el camino al cielo viviendo una vida limpia haciendo más bien que mal.
- No se trata de alcanzar el cielo por hacer acto de presencia cada semana en la iglesia y recitar el credo de los apóstoles o decir el Padre Nuestro.

---

[22] Jesús dijo en Juan 7:7: *"No puede el mundo aborreceros a vosotros; mas a mí me aborrece, porque yo testifico de él, que sus obras son malas".*

  o *Romanos 8:7: "Por cuanto los designios de la carne son enemistad contra Dios; porque no se sujeta a la ley de Dios, n tampoco pueden…"*

  o *1 Pedro 4:5: "pero ellos darán cuenta al que está preparado para juzgar a los vivos y a los muertos".*

  o *Mateo 13: 49-50: "Así será a fin del siglo: saldrán los ángeles y apartarán a los malos de entre los justos, [50]y los echarán en el horno de fuego; allí será el lloro y el crujir de dientes".*

  o *Apocalipsis 20:15: "Y el que no se halló inscrito en el libro de la vida fue lanzado al lago de fuego".*

  o *Mateo 23:33: "¡Serpientes, generación de víboras!, ¿cómo escaparéis de la condenación del infierno?"*

- No se trata de ganar la salvación por cumplir ciertos rituales religiosos como: bautismo, confirmación, tomar la comunión, confesión, oración, etc.

Usaré el término *"iglesia visible"* para referirme a todos aquellos que se congregan en los templos y fuera de ellos que proclaman ser cristianos. Esta definición de *iglesia visible* incluye verdaderos cristianos, además de muchos incrédulos, falsos creyentes y los que se engañan a sí mismos.

Recuerdo haber sido testigo presencial de la manifestación de la iglesia visible hace muchos años al coincidir con un reconocido evangelista en un gran concierto de música cristiana. El evangelista entrevistó personalmente a algunos asistentes al concierto. A todos los entrevistados les preguntó si eran cristianos. Todos respondieron sí. Entonces les pidió que definieran lo que significaba ser cristiano. En este punto la gran mayoría parecía estar desconcertado o confundido. Ellos harían declaraciones tales como: "Jesús es mi amigo" o "me encanta alabarle" o "él siempre está allí para ayudarme con mis problemas". La dolorosa realidad es que no recuerdo una sola persona que definiera el cristianismo como la Biblia lo hace.

Este problema de mala interpretación del evangelio no está limitado a aquellos que están fuera de las puertas de la iglesia. Un gran número de los que aseguran ser evangélicos pueden estar doctrinalmente acertados en un área del evangelio y, sin embargo, equivocados en otras. Por ejemplo, hay muchos que declaran exactamente lo que la Biblia dice, que nadie puede ser salvo por involucrarse en ningún ritual religioso. Sin embargo, estas mismas personas se aferran a un ritual religioso como prueba de su propia salvación. ¿Cuál es este "ritual religioso evangélicamente aprobado" usado como prueba de que una persona es salva? *"La oración"*. Un gran número de los que llenan las iglesias hoy creen que son salvos del infierno porque en algún punto de sus vidas repitieron una oración que, o bien se les dio para que la dijeran o la leyeran en voz alta o alguien le pidió: "repita conmigo". Esto no solo esta ocurriendo en la iglesia, sino también fuera de ella. Si hace evangelismo en las calles podrá encontrar personas sin ninguna relación con otros cristianos, sin afiliación con una iglesia, y ningún interés en la Biblia, pero saben que irán al cielo porque "oraron para aceptar a Jesús" una vez.[23] Dicho esto, pienso que es importante reconocer que en ningún lugar de la Biblia se nos dice que el *método* por el cual una persona es salva es recitando o repitiendo una oración para "pedir a Jesús que entre en su corazón". ¡En ningún lugar! Y antes de cerrar de golpe este libro, rasgar sus vestiduras y gritar: "Blasfemia!"[24] Yo les aliento a que revisen lo que la Biblia realmente enseña. No apueste su eternidad a una metodología evangelística que ha sido popularizada en los últimos 70 años.

Aunque puede ser que algunos sean salvos *mientras* dicen una oración, como en mi caso, no es el ritual de la oración lo que salva. La conversión ocurre por el poder de Dios. Juan 1:12-13: "*Mas a todos los que le recibieron, a los que creen en su nombre, les dio potestad de ser hechos hijos de Dios; los cuales no son engendrados de sangre, ni de voluntad de carne, ni de voluntad de varón, sino de Dios*". Es Dios es el que da vida espiritual al que está muerto espiritualmente, no palabras ni frases mágicas. El tercer capítulo de Juan no le enseña a una persona *cómo* nacer de nuevo, sino revela que es el poder de Dios el que nos permite nacer de nuevo.

Juan 3:5-8: "*Respondió Jesús: De cierto, de cierto te digo, que el que no naciere de agua y del Espíritu, no puede entrar en el reino de Dios. [6]Lo que es nacido de la carne, carne es; y lo que es nacido del Espíritu, espíritu es. [7]No te maravilles de que te dije: Os es necesario nacer de nuevo. [8]El viento sopla de donde quiere, y oyes su sonido;*

---

[23] Obviamente no estoy diciendo que la prueba de que alguien que es salvo es ir a la iglesia, congregarse con cristianos, leer la Biblia y orar. Los no creyentes pueden hacer todas estas cosas y aun no ser salvos. Mi punto es que el convertido deseará comunión con el pueblo de Dios y con el Señor a través de su palabra y la oración.

[24] Mateo 26:65: "*Entonces el sumo sacerdote rasgó sus vestiduras: ¡Ha blasfemado! ¿Qué más necesidad tenemos de testigo? He aquí, ahora mismo habéis oído su blasfemia*".

mas ni sabes de dónde viene, ni a dónde va; así es todo aquel que es nacido del Espíritu."

Aquel que es convencido de pecado, justicia y de juicio por el Espíritu Santo,[25] y habiendo nacido de nuevo por el poder de Dios, se arrepentirá de sus pecados y creerá el evangelio. No es salvo simplemente porque estuvo dispuesto a decir una oración en algún momento de su vida.

En ningún lugar de las Escrituras usted encontrará un ejemplo en el que Jesús o alguno de los de los apóstoles enseñe a la gente a *pedir* que Jesús entre en su corazón para ser salvo. La Escritura declara en <u>Romanos 10:9</u>: *"que si confesares con tu boca que Jesús es el Señor, y creyeres en tu corazón que Dios le levantó de los muertos, serás salvo..."* El simple acto de "pedir a Jesús que entre en tu corazón" puede ser una obra humana (Mateo 7:21-23). Verdaderamente *"creer en tu corazón"* para salvación es siempre obra de Dios (Juan 3:3-8). El problema es que el evangelismo moderno ha sustituido la conversión por el poder de Dios (Juan 3:3-8) con una fórmula ritual hecha por hombres de decisionalismo sin significado.

He visto a algunas personas "decir la oración," y no tener ni idea de lo que estaban haciendo. Quizás accedieron a decir la oración mientras experimentaban alguna dificultad en su vida como un problema financiero o una relación tirante. Quizás se sentían un poco culpables por algo que habían hecho. Quizás dijeron la oración porque sus padres o un novio o una novia querían que fueran cristianos. Otros pueden escuchar la parte de que Dios quiere que vayan al cielo y no al infierno —y no tienen ningún problema con esto. También escuchan que Dios quiere perdonarles y ayudarles si tan solo piden "que Jesús entre en su corazón." Muchos responderán para sí diciendo: "Seguro, ¿por qué no?; haré lo que ellos me dicen en caso de que sea verdad". En

---

[25] Juan 16:7-8: *"Pero yo os digo la verdad: Os conviene que yo me vaya; porque si no me fuera, el Consolador no vendría a vosotros; mas si me fuere, os lo enviaré".*

este punto la persona no puede convertirse en cristiana porque no entiende: 1) su condición pecaminosa, 2) el juicio venidero, 3) su necesidad de arrepentirse, 4) quién es Jesús realmente, y 5) por qué Jesús murió en la cruz y resucitó de los muertos. Es la falta de conocimiento guiado por el espíritu, concerniente a estos cinco puntos, lo que hace que " la oración" carezca de significado.

El evangelista que está presto a declarar que 232 personas fueron salvas la noche anterior en su campaña porque aceptaron "orar" con él, está engañando o engañándose a sí mismo. Él ha sustituido el poder de Dios por su poder de persuasión. En resumen, el acto de "la oración" no resulta automáticamente en regeneración y conversión.

Falsas conversiones se manifestarán a menudo más adelante en la falsa comisión. Esto ocurre porque el convertido falso tiene una visión errónea de Jesús. Frecuentemente los cristianos usan términos y frases que ellos entienden, pero el inconverso puede interpretarlas de una manera totalmente diferente. Yo llamo a estos términos confusos *evangelicalismos*.

Algunos *evangelicalismos* tienen algo de verdad en ellos, pero al ser transmitidos al inconverso esta verdad se pierde. Por ejemplo, observen las siete declaraciones que siguen, y miren si han escuchado variantes de estas utilizadas en evangelismo. Quizás sean términos que han usado ustedes mismos cuando ha tratado de evangelizar:

1) *Debes admitir que has hecho algunas cosas malas llamadas pecado.*

2) *Tus pecados te separan de Dios y pasarás una eternidad sin Cristo.*

3) *Jesús te ama tal como eres.*

4) *Jesús murió en la cruz por ti.*

5) *Puedes ser salvo si tienes una relación con Jesús.*

6) *Serás salvo e irás al cielo "pidiéndole a Jesús que entre en tu corazón."*

7) *Si dices "la oración" nunca debes cuestionar si realmente fuiste salvo en ese momento.*

No saltes a conclusiones apresuradas. Recuerda, vamos a tomar cada uno de estos evangelicalismos y los analizaremos a la luz de la Biblia y a la luz de cómo los no creyentes los traducen. ¡Comencemos!

1) *Debes admitir que has hecho algunas cosas malas llamadas pecado.*

Esta es una declaración que puede ser malinterpretada por el inconverso. El no creyente puede estar dispuesto a hacer una admisión ocasional de pecado sin entender la seriedad de este. No hay nada meritorio en simplemente admitir que eres un pecador —sencillamente es la verdad. Este reconocimiento general de pecado (o errores) no es lo mismo que confesión y arrepentimiento. He encontrado a muy pocos que al momento de "pedirle a Jesús que entre en su corazón," realmente creyeron con "dolor que viene de Dios" que habían violado la ley de Dios y que serían justamente condenados a una eternidad en el infierno. La Biblia dice en 2 Corintios 7:10: *"Porque la tristeza que es según Dios produce arrepentimiento para salvación, de que no hay que arrepentirse; pero la tristeza del mundo produce muerte"*.

R. C. Sproul escribe: "Cuando el arrepentimiento es ofrecido a Dios en un espíritu de verdadera contrición, él promete perdonarnos y restaurar la comunión con él".[26] Dicha promesa está en 1 Juan 1:9: *"Si confesamos nuestros pecados, él es fiel y justo para perdonar nuestros pecados, y limpiarnos de toda maldad"*. Por

---

[26] Sproul, R. C. (1996, c1992). Verdades esenciales de la fe cristiana. Wheaton, III.: Tyndale House.

eso Jesús dijo en Lucas 15:10: *"Así os digo que hay gozo delante de los ángeles de Dios por un pecador que se arrepiente."*

2) *Tus pecados te separan de Dios y pasarás una eternidad sin Cristo.*

Me estremezco cuando escucho a un cristiano temeroso que no puede usar la palabra *infierno*, y en su lugar le dice al no creyente que "Tus pecados te separan de Dios", o que "pasarás una eternidad sin Cristo". Mientras es teológicamente cierto que el no creyente está separado de Cristo (Efesios 2:12), la frase puede ser mal entendida por este a causa de su oscurecido entendimiento (Efesios 4:18). Por ejemplo, muchos no creyentes saben que están viviendo *separados de Dios* en la actualidad... y francamente, se sienten cómodos viviendo así. Algunos perversos piensan que después que mueran, el infierno al que van es una especie de club nocturno bullicioso en el que pasarán el rato con sus amigos bebiendo whiskey y bailando con mujeres fáciles. Ellos dirán cosas tales como "mejor pasar el rato allá abajo con sus amigos que sentados en una nube en el cielo tocando un arpa". Este tipo de pensamiento muestra cuán engañados están acerca del cielo y el infierno.

Mientras que es cierto que las personas en el infierno están separada del amor de Dios, gozo, perdón y salvación (2 Tesalonicenses 1:6-12) no es cierto que están completamente separadas de Dios. La persona que muere sin ser salva termina exactamente en la presencia del juicio, la ira de Dios, y el infierno (el lago de fuego)...por toda la eternidad.

Apocalipsis 14:9–11: *Y el tercer ángel los siguió, diciendo a gran voz: "Si alguno adora a la bestia y a su imagen, y recibe la marca en su frente o en su mano, [10]él también beberá del vino de la ira de Dios, que ha sido vaciado puro en el cáliz de su ira; y será atormentado con fuego y azufre delante de los santos ángeles y del Cordero; [11]y el humo de su tormento sube por los siglos de los siglos. Y no tienen reposo de día ni de noche los que adoran a la bestia y a su imagen, ni nadie que reciba la marca de su nombre."*

Dios hizo el infierno para Satanás y sus ángeles demoníacos. Jesús dijo en Mateo 25:41: *"...Apartaos de mí, malditos, al fuego eterno preparado para el diablo y sus ángeles..."* Satanás no es el gobernador del infierno; Dios lo es. Satanás terminará como prisionero en el infierno de Dios. Los que no son salvos son eternamente castigados allí también.

El concepto de la obra redentora de Dios de reconciliar al hombre pecador con un Dios santo es central para el evangelio. Romanos 5: 10 declara: *"Porque si siendo enemigos, fuimos reconciliados con Dios por la muerte de su Hijo, mucho más, estando reconciliados, seremos salvos por su vida".* Este concepto debe ser explicado a los no creyentes. Ellos deben entender que estar "separados de Dios" significa pasar la eternidad atormentados en el Lago de Fuego.

3) *Jesús te ama tal como eres!*

Sin una explicación adecuada, el no creyente puede malinterpretar este concepto de "Dios te ama tal como eres." Muchos no creyentes toman esta frase para decir que a Dios no le importa si continúan viviendo una vida de pecado, en completa rebeldía a Dios, porque él ya les *ama como son.* Esta malinterpretación fatal intenta reducir a Dios a la figura del abuelito consentidor, que sabe que eres un travieso, pero te responde con un guiño y una sonrisa, abriéndote las puertas de los cielos para dejarte entrar... porque él *te ama tal como eres.*

Sí, es correcto dar a conocer al no creyente que mientras él permanece en su pecado, Dios le amó tanto como para hacer *posible* el perdón en Jesucristo. Romanos 5:8: *"Mas Dios muestra su amor para con nosotros, en que siendo aún pecadores, Cristo murió por nosotros".* Ese versículo necesita ser leído en su contexto. El próximo versículo deja claro que el amor de Dios no resulta en él haciéndose el de la vista gorda al pecado de una persona; mas bien que la culpa fue pagada a través de la muerte de Cristo para que pudiera escapar de la *"ira de Dios".* Romanos 5:9: *"Pues mucho más, estando ya justificados en su sangre, por él seremos salvos de la ira".*

Es muy importante que el inconverso entienda que su estatus espiritual actual no es una relación de igualdad con " el hombre de arriba".[27] ¡Él debería sentir gran temor de Dios! "Horrenda cosa es caer en manos del Dios vivo!" (Hebreos 10:31). El inconverso debe darse cuenta de que, en este mismo momento, la ira de Dios descansa sobre él. Juan 3:36: *"El que cree en el Hijo tiene vida eterna; pero el que rehúsa creer en el hijo no verá la vida, sino que la ira de Dios está sobre él"*. Esto quiere decir que la persona inconversa mora actualmente bajo la ira de Dios.[28] El Salmo 145:20 dice: *"Jehová guarda a todos los que le aman, mas destruirá a todos los impíos"*.

Hay un cliché muy comúnmente repetido acerca de los que practican el pecado sin arrepentirse. La frase dice "Dios ama al pecador pero aborrece el pecado". Este refrán (que no está en la Biblia)[29] es frecuentemente mal comprendido por el no creyente para decir que Dios ama tanto al incrédulo no arrepentido que Dios no le ve como un malvado pecador, ni le juzgará como tal. R.C. Sproul demuestra la estupidez de esta frase señalando que "Dios no manda el pecado al infierno —él envía al pecador!" El Salmo 5 aniquila este cliché cuando nos da la visión de Dios del inconverso impío: *"...Aborreces a todos los que hacen iniquidad"*. (Salmo 5:5). En el Salmo 5:6 la palabra de Dios dice: *"...Al hombre sanguinario y engañador abominará Jehová"*. En Proverbios declara algunas conductas específicas que el Señor aborrece:

---

[27] "El hombre de arriba" es un término utilizado por muchos inconversos para referirse al Dios Todopoderoso.

[28] *Merriam-Webster Collegiate Dictionary, 11th edn. Define morar e ira de la manera siguiente:*

- o *Morar:* Se define en parte como: Permanecer sin doblegarse... mantenerse estable o fijo en un estado.
- o *Ira:* Se define como: 1. Fuerte venganza o indignación; 2. Castigo retributivo por una ofensa o crimen.

[29] El cliché religioso "Dios ama al pecador y aborrece el pecado" con frecuencia es atribuido erróneamente a una cita bíblica. Tiene algo de su origen con Agustín en su *Carta 211* (A. D. 424) donde escribe la frase (que en esencia significa), "amor por las personas y odio por sus vicios". La frase fue copiada por el indio Mohandas Gandhi, quien escribió en su autobiografía en 1929 "Odia el pecado y no al pecador". Autobiografía de Gandhi (1929), *Parte 4, Capítulo 9, Una lucha con poder.*

Seis cosas aborrece Jehová, y aun siete abomina su alma. [17]Los ojos altivos, la lengua mentirosa, las manos derramadoras de sangre inocente, [18]el corazón que maquina pensamientos inicuos, los pies presurosos para correr al mal, [19]el testigo falso que habla mentiras, y el que siembra discordia entre hermanos. (Proverbios 6:16-19).

Uno debe entender que Dios no pasa sus días desbordado de un sentimental y cálido emocionalismo por el inconverso/no creyente. Los pensamientos de Dios son completamente opuestos: Salmo 7:11 NKJV *"...Y Dios está airado contra el impío todos los días".[30]* Romanos 5:10 explica que antes de convertirse, el no creyente es un enemigo de Dios. *"Porque si siendo enemigos, fuimos reconciliados con Dios por la muerte de su hijo, mucho más, estando reconciliados, seremos salvos por su vida".* Este versículo muestra el poder del amor de Dios en que mientras éramos sus enemigos, nos dio la manera de ser salvos a través del sacrificio de Jesucristo en la cruz. ¿Por qué? Porque él *"es paciente para con nosotros, no queriendo que ninguno perezca, sino que todos procedan al arrepentimiento".* (2 Pedro 3:9). Dios declara en Ezequiel 33:11: *"Vivo yo, dice Jehová el Señor, que no quiero la muerte del impío, sino que se vuelva el impío de su camino, y que viva. ¡Volveos, volveos de vuestros malos caminos...!"*

Debemos notar que el mismo capítulo de la Biblia que habla de la ira de Dios (Juan 3:36) también contiene el tan conocido versículo acerca del amor de Dios, Juan 3:16: *"Porque de tal manera amó Dios al mundo, que ha dado a su Hijo unigénito, para que todo aquel que en él cree, no se pierda, mas tenga vida eterna."* Así que, ¿cuál será? ¿Ama Dios al no creyente o está enojado con él? La respuesta es ambas. Si esta paradoja parece difícil de entender, pregúntele a sus padres. Ellos le dirán que ha habido momentos en que les amaron pero al mismo tiempo estaban enojados por su conducta o actitud y les castigaron por eso!

---

[30] Nueva Versión King James. 1982 (Salmo 7:11).

Dios nos muestra su amor al darnos una vía de escape de su ira y juicio a través de su Hijo, Jesucristo. Esto se explica en Juan 3:16-18. Debo admitir que me preocupa mucho cuando las personas citan Juan 3:16 pero eliminan el contexto omitiendo los versículos 17 y 18. Estos dos versículos advierten sobre el juicio venidero. Miren lo que dice Juan 3: 16-18 y entonces verán la perfecta armonía que tiene con Juan 3:36.

Juan 3:16-18: *"Porque de tal manera amó Dios al mundo, que ha dado a su Hijo Unigénito, para que todo aquel que en él cree, no se pierda, mas tenga vida eterna. ¹⁷Porque no envió Dios a su Hijo al mundo para condenar al mundo, sino para que el mundo sea salvo por él. ¹⁸El que en él cree, no es condenado; pero el que no cree, ya ha sido condenado, porque no ha creído en el nombre del unigénito Hijo de Dios".*

Es una perversión pensar que una vez que eres salvo, Dios te deja, "tal como eres..." Un verdadero cristiano no *practica* el pecado activa y conscientemente sin arrepentimiento por estar bajo la gracia y no bajo la ley. Esta falsa enseñanza se llama antinomianismo, lo cual literalmente significa "anti-ley...ismo". La palabra de Dios enseña lo opuesto al antinomianismo: Romanos 6:15: *"...¿Pecaremos porque no estamos bajo la ley, sino bajo la gracia? En ninguna manera".* El Cristiano batallará contra el pecado y aunque a veces caerá, no es como el no regenerado que *practica* el pecado. Las siguientes cinco advertencias deben hacerse al inconverso que no cree en el Señor, sino que deliberadamente *"practica"* el pecado:

(1) se engañan a sí mismos,[31]

(2) son esclavos del pecado,[32]

---

[31] Tito 3:3: *"Porque nosotros también éramos en otro tiempo insensatos, rebeldes, extraviados, esclavos de concupiscencias y deleites diversos, viviendo en malicia y envidia, aborrecibles, y aborreciéndonos unos a otros."*

o 2 Timoteo 3:13: *"Mas los malos y los engañadores irán de mal en peor, engañando y siendo engañados."*

(3) no han sido perdonados por Dios,[33]
(4) no son cristianos,[34]
(5) no van al cielo, sino al infierno.[35]

A continuación algunas citas bíblicas concerniente al juicio de los que *"practican"* pecado:

- **Gálatas 5:19-21:** *"Y manifiestas son las obras de la carne, que son: adulterio, fornicación, inmundicia, lascivia,* [20]*idolatría, hechicerías, enemistades, pleitos, celos, iras, contiendas, disensiones, herejías,* [21]*envidias, homicidios, borracheras, orgías, y cosas semejantes a estas; acerca de las cuales os amonesto, como ya os lo he dicho antes, que los que* <u>practican</u> *tales cosas no heredarán el reino de Dios."*

---

[32] Juan 8:34-35: *"Jesús les respondió: De cierto, de cierto os digo, que todo aquel que hace pecado, esclavo es del pecado. Y el esclavo no queda en la casa para siempre; el hijo si queda para siempre."'* (Vea también Tito 3:3).

[33] Hebreos 10:26-29: *"Porque si pecáremos voluntariamente después de haber recibido el conocimiento de la verdad, ya no queda más sacrificio por los pecados,* [27] *sino una horrenda expectación de juicio, y de hervor de fuego que ha de devorar a los adversarios.* [28]*El que viola la ley de Moisés, por el testimonio de dos o tres testigos muere irremisiblemente.* [29]*Cuánto mayor castigo pensáis que merecerá el que pisoteare al Hijo de Dios, y tuviere por inmunda la sangre del pacto en la cual fue sacrificado, e hiciere afrenta al Espíritu de gracia?"*

[34] 2 Corintios 11:13-15: *"Porque éstos son falsos apóstoles, obreros fraudulentos, que se disfrazan como apóstoles de Cristo.* [14] *Y no es maravilla, porque el mismo Satanás se disfraza como un ángel de luz.* [15]*Así que, no es extraño si también sus ministros se disfrazan como ministros de justicia; cuyo fin será conforme a sus obras."*
2 Timoteo 2:25-26: *"…que con mansedumbre corrija a los que se oponen, por si quizá Dios les conceda que se arrepientan para conocer la verdad,* [26]*y escapen del lazo del diablo, en que están cautivos a voluntad de él".*

[35] Apocalipsis 21:8: *"Pero los cobardes e incrédulos, los abominables y homicidas, los fornicarios y hechiceros, los idólatras y todos los mentirosos tendrán su parte en el lago que arde con fuego y azufre, que es la muerte segunda."*

- 1 Juan 3:4–10: *"Todo aquel que comete pecado, infringe también la ley; pues el pecado es infracción de la ley. ⁵Y sabéis que él apareció para quitar nuestros pecados, y no hay pecado en él. ⁶Todo aquel que permanece en él, no peca; todo aquel que peca, no le ha visto, ni le ha conocido. ⁷Hijitos, que nadie os engañe; el que hace justicia es justo, como él es justo. ⁸<u>El que practica el pecado es del diablo</u>; porque el diablo peca desde el principio. Para esto apareció el Hijo de Dios, para deshacer las obras de diablo. ⁹<u>Todo aquel que es nacido de Dios, no practica el pecado</u>, porque la simiente de Dios permanece en él; y no puede pecar, porque es nacido de Dios. ¹⁰En esto se manifiestan los hijos de Dios, y los hijos del diablo: todo aquel que no hace justicia, y que no ama a su hermano, no es de Dios".*

- Mateo 7:23: *"Y entonces les declararé: nunca os conocí; apartaos de mí, <u>hacedores de maldad</u>."*
- Apocalipsis 22:15: *"Mas los perros estarán fuera, y los hechiceros, los fornicarios, los homicidas, los idólatras, y todo aquel que ama y hace mentira."*

Jesús dijo en Juan 14:15: *"Si me amáis, guardad mis mandamientos"*. El que es "nacido de nuevo" por el poder de Dios, tendrá amor verdadero por Jesucristo, y fe en su palabra, la Biblia. El convertido verdadero se arrepentirá del pecado, aborrecerá el pecado, y nunca más practicará el pecado (1 Juan 3:4-10, Gálatas 5:19-21, Mateo 7:23, Apocalipsis 22:15). Es controlado por el espíritu de Dios y no por la carne (Gálatas 4:6). *Esto no quiere decir que nunca va a caer o que nunca va a pecar* (1 Juan 1:8-9) sino que tendrá una nueva naturaleza y deseos (Efesios 2:1-10, Romanos 6:17-18). La realidad es que durante toda tu vida estarás constantemente en dependencia y gratitud de la inamovible gracia de Dios y Su perdón a través de la muerte sacrificial de Jesús en la cruz.

4) *Jesús murió en la cruz por ti.*

Es muy importante que el concepto de expiación de Jesús sea explicado correctamente al no creyente. El inconverso puede tomar la frase "Jesús murió en la cruz por ti" y descartarlo como un gesto sentimental o un ejemplo cualquiera de amor general.[36] Peor todavía, un no creyente puede erróneamente pensar que *cada persona* es automáticamente perdonada y va al cielo porque "¡Jesús murió en la cruz por todos!" Esta es la herejía del *universalismo*. Jesús deja muy claro que muchas personas no son perdonadas y terminan en el infierno. En Mateo 23:15 Jesús habla a un grupo de escribas y fariseos hipócritas dejándoles claro que son *hijos del infierno*. En los evangelios Jesús especifica sin ambigüedad que *muchos* no serán salvos.

> Lucas 13:23–24: *"Y alguien le dijo: 'Señor, son pocos los que se salvan?', Y él les dijo: 24'Esforzaos a entrar por la puerta angosta; porque os digo que muchos procurarán entrar, y no podrán'".*

El libro de Apocalipsis explícitamente declara que están aquellos que terminarán en *"el lago que arde con fuego y azufre, el cual es la muerte segunda".*

> Apocalipsis 21:6–8: *"Y me dijo: 'Hecho está. Yo soy el Alfa y la Omega, el principio y el fin. Al que tuviere sed, yo le daré gratuitamente de la fuente del agua de la vida. 7El que venciere heredará todas las cosas, y yo seré su Dios, y él será mi hijo. 8Pero los cobardes e incrédulos, los abominables y homicidas, los fornicarios y hechiceros, los idólatras y los mentirosos tendrán su parte en el lago que arde con fuego y azufre, que es la muerte segunda'".*

---

[36] Jesús no murió en la cruz para servir de mártir político o porque fue derrotado por una multitud embravecida. Jesús tenía control total sobre su muerte y resurrección. Juan 10:17-18: *"Por eso me ama el Padre, porque yo pongo mi vida, para volverla a tomar. 18'Nadie me la quita, sino que yo de mí mismo la pongo. Tengo poder para ponerla, y tengo poder para volverla a tomar. Este mandamiento recibí de mi Padre.'"*

La muerte expiatoria de Jesús en la cruz es ilimitada en poder y efectividad para aquellos que creen. Para aquellos que no creen, su expiación no paga su pena de muerte ni les perdona sus pecados. Jesús dijo en Juan 8:24: *"Por eso os dije que moriréis en vuestros pecados; porque si no creéis que yo soy, en vuestros pecados moriréis"*. Jesús dijo que su muerte en la cruz es la expiación para aquellos que creen (sus ovejas): Juan 10:14-15: *"Yo soy el buen pastor; y conozco mis ovejas, y las mías me conocen, [15]así como el Padre me conoce, y yo conozco al Padre; y pongo mi vida por las ovejas."* [37]

El inconverso debe entender que la muerte sustitutiva de Cristo concede el perdón a los cristianos porque Jesús pagó la pena de muerte por sus pecados, y esos pecados fueron perdonados por Dios.

"La muerte de Cristo era sustitutiva... en el sentido de que Cristo es el sustituto que carga el castigo merecido por los pecadores; la culpa de estos siendo imputada a él de tal manera que representativamente sufrió su castigo. Hay muchos pasajes que enfatizan en la muerte sacrificial de Cristo en lugar de la humanidad. Cristo fue sustituto al hacerse pecado por otros (2 Corintios 5:21). Él cargó en sí mismo los pecados de otros en la cruz (1 Pedro 2:24). El sufrió los pecados de otros (Hebreos 9:28). El experimentó sufrimiento horrible, castigo y muerte en lugar de los pecadores (Isaías 53:4-6)".[38]

En resumen: El inocente y perfecto Cordero de Dios (Jesús) pagó la pena de muerte de los pecadores (merecedores del

---

[37] Jesús dijo en Juan 17:9: *"Yo ruego por ellos; no ruego por el mundo, sino por los que me diste; porque tuyos son"*.

[38] Enns, P. P. (1997). *Comentario Moody de Teología*, p.323 Chicago, Ill.: Moody Press.

infierno) que han puesto su fe en él. Este concepto de la muerte sustitutiva de Jesús es esencial para comprender el evangelio. Una persona, o recibe la fe salvadora en la obra de Cristo en la cruz, obra que paga su deuda de pecado a Dios, o será juzgada y pagará por sus propios pecados y perecerá (Juan 8:24, Apocalipsis 20:12-15). Esa explicación es mucho más acertada y significativa para el no creyente que el fácilmente malinterpretado planteamiento de: "Jesús murió por tus pecados".[39]

> 5) *Tú puedes ser salvo si tienes una relación con Jesús.*

Frecuentemente, aquellos que tratan de hacer más atractivo el mensaje del evangelio a los no creyentes, usarán la frase "relación con Jesús". El término *relación* es un evangelicalismo que tiene diferentes significados para distintas personas. Piensa en la variedad de "relaciones" que tienes en tu vida. Tú tienes diferentes relaciones con personas en la escuela, el trabajo, deportes, pasatiempos, eventos recreativos, incluso la iglesia. Algunas de estas relaciones son buenas, otras malas, algunas son importantes para ti, y otras no. Hay personas con las que tuviste una relación muy cercana hace diez años atrás, pero ahora no están ni siquiera en tu vida. Ahí reside el problema de usar el término genérico "relación" para referirse a Jesucristo.

Piensa en algunas celebridades y atletas que dijeron tener una "relación con Dios" o una "relación con Jesús", pero continuamente vivían vidas impías. Otros dicen tener una relación con un Jesús que no es reconocible por las Escrituras. Estas personas tienen su propia versión de Jesús. Algunos quieren una relación con un Jesús que les ayude a salir de sus problemas. Otros gustan de tenerle como amuleto de la buena suerte para que les ayude a alcanzar el éxito en el deporte o los negocios. Muchas religiones tienen su propio tipo de relación con Jesús que está desprovista del Jesús de la Biblia.

---

[39] Obviamente esto no pretende ser una explicación minuciosa de la expiación.

Algunos evangélicos cometen un error al esforzarse en crear y vender un Jesús que les guste a la gente. Ellos quieren que Jesús luzca "genial". Algunos quieren un Jesús que sea el activista social de las personas sin hogar. Otros quieren a un Jesús como su genio de la lámpara, al cual pueden llamar para que cumpla sus deseos. Y otros solo quieren a un Jesús que sea tan posmodernista como ellos —Él nunca juzgará nada como incorrecto. Estos evangélicos quieren presentar a un Jesús amigable, capaz de cumplir con sus expectativas, términos y condiciones.

¡Muchos de estos evangélicos le dirían erróneamente a las personas cuánto Jesús desea ser su amigo! Esto puede crear una falsa imagen en la mente del inconverso de un pequeño Jesús retorciendo sus manitas, deseoso de gustarle a las personas para que le inviten a entrar en su vida y así tener una *relación*. Este "evangelista relacional" no se atreve a contrariar a la persona con la que está compartiendo diciéndole la verdad. Este "evangelista relacional" no dice que Jesús es el Señor y juzgará a todos los que han existido. También evita mencionar que Jesús es el ejecutor de la ira de Dios, y que los no creyentes también serán forzados a postrarse ante Él y confesar que Él es el Señor:

Filipenses 2:10–11: *"...para que en el nombre de Jesús se doble toda rodilla de los que están en los cielos, y en la tierra, y debajo de la tierra; [11]y toda lengua confiese que Jesús es el Señor, para gloria de Dios Padre."*

Si realmente nos preocupamos más por los inconversos que por nosotros mismos, les diremos la verdad acerca de Jesús. Seamos cuidadosos y asegurémonos de que las personas entiendan que Jesús es el Dios Todopoderoso, y que vamos a Él bajo sus términos. En ningún lugar de las Escrituras vemos a Jesús congraciándose con su audiencia. También reconozcamos que Jesús advierte al que quiera ser discípulo el precio a pagar antes de seguirle (Lucas 14:25-33). La Escritura también advierte el destino de aquellos que predican un falso evangelio: Gálatas 1:8:

"Mas si aún nosotros, o un ángel del cielo, os anunciare otro evangelio diferente del que os hemos anunciado, sea anatema".

La *relación* que el cristiano tiene con el Santo Jesucristo consiste en que solo Cristo es Amo y Señor de todo lo que ha existido y existirá. El hombre, por otro lado, es perverso. La relación resultante es la de un Amo y Señor amoroso que nos ha redimido del infierno y ha santificado eternamente a sus agradecidos hijos/siervos (Lucas 17:10). Como John Newton, autor del gran himno *Sublime Gracia* declaró al final de su vida: "Mi memoria casi se ha ido, pero recuerdo dos cosas: Que soy un gran pecador y que Cristo es un gran Salvador".[40] Todos deberíamos desear que nuestra relación con Cristo sea cercana, como familia. Jesús nos dice quiénes son su familia: Lucas 8:21: *"Él entonces respondiendo, les dijo: Mi madre y mis hermanos son los que oyen la palabra de Dios, y la hacen".*

6) *Serás salvo e irás al cielo "pidiéndole a Jesús que entre en tu corazón."*

El acto de "pedirle a Jesús que entre en tu corazón" no es enseñado por Jesús ni los apóstoles. La frase no se menciona en ningún lugar de las Escrituras. Es uno de esos *evangelicalismos* que puede ser malinterpretado por el no creyente. Un amigo vino a mí una vez muy preocupado porque su hijo menor no quería "pedirle a Jesús que entrara en su corazón". Me dijo que su hijo tenía mucho miedo de hacerlo. Le pregunté de qué tenía miedo. Me dijo que su hijo tenía miedo de tener a alguien viviendo en su corazón. ¡Esto le asustaba! Le sugerí al padre que desechara la expresión "pedirle a Jesús que entre en tu corazón", y que más bien hablara con él acerca de conceptos tales como su pecado, castigo, infierno, la cruz, el perdón, el cielo, etc. y lo que significa

---

[40] Aitken, J. (2007). *John Newton: From Disgrace to Amazing Grace,* (p. 347). Wheaton, IL: Crossway Books.

creer en Jesús como Señor y Salvador. El hizo esto y el chico quiso convertirse en cristiano.[41]

El que confía en el hecho de que años atrás se le dijo que murmurara una oración prefabricada acerca de "pedir a Jesús que entre en su corazón", pero nunca, por el poder de Dios, se arrepintió de su pecado y puso su fe en la muerte sustitutiva de Cristo en la cruz, no tiene fundamento bíblico para afirmar su salvación. John MacArthur lo describe de esta forma:

> "...[la persona] que rehúsa volverse a Dios en busca de perdón y salvación, consecuentemente no tiene evidencia, ni buenos frutos de arrepentimiento genuino. La salvación no se verifica como un acto pasado, sino por llevar abundante fruto en el presente".[42]

> 7) *Si dices "la oración" nunca debes cuestionarte si realmente fuiste salvo en ese momento.*

¿De verdad? ¿Cómo puedes decirle a alguien cinco minutos después de repetir una oración (que tú le dijiste que repitiera) que tiene fe salvadora en Jesús, y por tanto está verdaderamente convertido? Francamente, garantizarle a alguien que *realmente se arrepintió, creyó el evangelio, y es perdonado*, inmediatamente después de decir una oración parece ser una forma de papismo evangélico.[43] Digo esto porque no conozco el corazón de la persona. Quizás la persona fue salva, quizás no, solo Dios lo sabe en ese instante (Hechos 15:8, 1 Corintios 2:11). La Escritura declara que el examen de nuestra fe es más que una afirmación de absoluta seguridad de parte de alguien que no conoce nuestro

---

[41] Ese niño ha crecido y, como adolescente, ha participado en par de viajes misioneros de corta duración.

[42] MacArthur, J. F., Jr. (1985). Matthew. MacArthur. Comentario del Nuevo Testamento (p. 70). Chicago: Moody Press.

[43] Pequeño sarcasmo acerca de la idea de un hombre concediendo salvación a otro.

corazón:

2 Corintios 13:5: *"Examinaos a vosotros mismos si estáis en la fe; probaos a vosotros mismos..."* Mientras que la Escritura deja claro que aquellos que creyeron verdaderamente son salvos para siempre, yo no me apresuraría en asegurar que una persona es verdaderamente convertida cuando solo el tiempo puede demostrar esto. 1 Juan 2:19 dice: *"Salieron de nosotros, pero no eran de nosotros; porque si hubiesen sido de nosotros, habrían permanecido con nosotros; pero salieron para que se manifestase que no todos son de nosotros"*.

Mateo 10:22 dice en una parte, *"...mas el que persevere hasta el fin, este será salvo"*. En teología este concepto es llamado *la perseverancia de los santos*. Esto significa que los verdaderamente salvos se manifiestan por su perseverancia a través del tiempo de persecución. Note que Jesús habló de este concepto en el contexto de la persecución. La persecución es una forma de diferenciar al orgulloso auto-proclamado "hombre de iglesia", del verdadero cristiano que posee vida eterna.

¿Quiénes son salvos? Jesús asevera que los salvos son aquellos que *perseveran hasta el final*. Esto no quiere decir que una persona que se esfuerce en perseverar ganará su salvación. La salvación y la habilidad de perseverar son solo por la gracia de Dios y no algo que una persona puede generar. Jesús dice explícitamente que nuestra seguridad está en él, y no en nuestros propios esfuerzos:

Juan 10:27-30: *"Mis ovejas oyen mi voz, y yo las conozco, y me siguen, [28]y yo les doy vida eterna; y no perecerán jamás, ni nadie las arrebatará de mi mano. [29]Mi Padre que me las dio, es mayor que todos, y nadie las puede arrebatar de la mano de mi Padre. [30]Yo y el Padre uno somos."*

Cuán agradecidos podemos estar con Dios, de que sea Él quien impide que los que confían en él se aparten. Esta confianza viene descrita en Judas 24-25: *"Y aquel que es poderoso para guardaros sin caída, y presentarnos sin mancha delante de su gloria con gran alegría, ²⁵al único y sabio Dios, nuestro Salvador, sea gloria y majestad, imperio y potencia, ahora y todos los siglos. Amén"*.

Ahora que hemos cortado con las tradiciones y clichés evangélicos, estamos listos para la pregunta: ¿Cuál es el verdadero evangelio?

El Evangelio

El evangelio no es complejo, pero parece paradójico. La paradoja es que el evangelio es lo suficientemente simple como para ser entendido por un niño pequeño, y sin embargo es tan profundo que un gran intelecto no puede comprenderlo por completo. Al resolver esta paradoja uno tiene que entender que el conocimiento de Dios viene solo de Dios. Mateo 11:25 dice que: *"En aquel tiempo, respondiendo Jesús dijo: "Te alabo Padre, Señor del cielo y de la tierra, porque escondiste estas cosas de los sabios y de los entendidos, y las revelaste a los niños"*.

El plan de Dios no es que tengamos una vida feliz, sin preocupaciones, llena de salud y riqueza. El plan de Dios es que nos *arrepintamos y creamos en el evangelio*. Porque Dios *"...es paciente para con nosotros, no queriendo que ninguno perezca, sino que todos procedan al arrepentimiento"*. 2 Pedro 3:9. Esto es lo que predicaban los apóstoles (¡lo mismo debemos predicar nosotros!): Hechos 20:21: *"...testificando a judíos y gentiles acerca del arrepentimiento para con Dios, y la fe en nuestro Señor Jesucristo."* Esto es lo que Jesús predicó (¡lo mismo debemos predicar nosotros!): Marcos 1:14-15: *"... Jesús vino a Galilea predicando el evangelio del reino de Dios, ¹⁵diciendo: 'El tiempo se ha cumplido, y el reino de Dios se ha acercado; arrepentíos, y creed en el evangelio'"*.

- *ARREPENTIRSE* significa apartarnos de nuestros pecados y alejarnos de ellos por el poder de Dios.
- CREER EN EL EVANGELIO significa que quien "ha nacido de nuevo" por medio del Espíritu de Dios (Juan 3:3-8):
  - Creerá que Jesucristo es Dios Todopoderoso, y no hay pecado en él.

- Creerá que el sacrificio de Jesucristo al morir en la cruz es suficiente para pagar por nuestros pecados.
- Creerá que Jesucristo resucitó de los muertos al tercer día.
- Creerá y confesará a otros que Jesucristo es nuestro Señor y único y suficiente Salvador.

[Vea las notas a pie de página 44 y 45 concernientes al concepto de "El poder de Dios" y soporte bíblico para los conceptos enumerados anteriormente acerca de lo que significa "creer en el evangelio"]. [44]

Es así de claro. La salvación *no tiene nada que ver* con tu justicia, buenas obras, unirte a ceremonias religiosas, o purificarte para ganar la aceptación de Dios. No puedes hacer nada para ganar la salvación. Todo es por Jesucristo y su amor, misericordia y perdón. Si rechazas el regalo del amor de Dios de perdonarnos a través de su hijo Jesucristo, seguirás siendo un pecador, esperando pasar la eternidad en el fuego eterno (Juan 3:36). Si *verdaderamente crees*, serás salvo para toda la eternidad![45]

---

[44] "El poder de Dios" —cuando alguien nace de nuevo. Note que el concepto de "creer en Jesús" es más que simplemente estar de acuerdo con algunos hechos acerca de Jesús. Una persona está espiritualmente muerta y es la obra de Dios la que nos permite ver el reino de Dios: *"De cierto, de cierto te digo, que el que no naciere de nuevo, no puede ver el reino de Dios".* Juan capítulo 3 no es la explicación de *cómo* nacer de nuevo; es la explicación de que esto es obra del espíritu de Dios. Juan 3:3–8: *"Respondió Jesús y le dijo: De cierto, de cierto te digo, que el que no naciere de nuevo, no puede ver el reino de Dios. ⁴Nicodemo le dijo: ?Cómo puede un hombre nacer siendo viejo? ¿Puede acaso entrar por segunda vez en el vientre de su madre, y nacer? ⁵ Respondió Jesús: De cierto, de cierto te digo, que el que no naciere de agua y del Espíritu, no puede entrar en el reino de Dios. ⁶Lo que es nacido de la carne, carne es; y lo que es nacido del Espíritu, espíritu es. ⁷No te maravilles de que te dije: Os es necesario nacer de nuevo. ⁸El viento sopla de donde quiere, y oyes su sonido; mas ni sabes de dónde viene, ni a dónde va; así es todo aquel que es nacido del Espíritu".*

[45] Como soporte bíblico de los conceptos enumerados, vea el apéndice al final de este libro titulado: GUÍA GENERAL DE DOCTRINAS FUNDAMENTALES DEL CRISTIANISMO. (Nota: Romanos 10:9: *"que si confesares con tu boca que Jesús es el Señor, y creyeres en tu corazón que Dios le*

1 Juan 5:13: *"estas cosas os he escrito a vosotros que creéis en el nombre del Hijo de Dios, para que sepáis que tenéis vida eterna, y para que creáis en el nombre del Hijo de Dios."*

R.C. Sproul escribió:

"La fe implica creer en Dios. Sin embargo, este tipo de fe no es digna de alabanza. Santiago escribió: "Tú crees que Dios es uno; bien haces. También los demonios creen, y tiemblan' (Santiago 2:19). Aquí el sarcasmo brota de la pluma de Santiago. Creer en la existencia de Dios apenas nos califica como demonios. Una cosa es creer en Dios; y otra es *creerle a Dios*. Creerle a Dios para confiarle nuestra propia vida es la esencia del Cristiano".[46]

A pesar de todo el mal que has hecho, la palabra de Dios dice que una persona puede ser perdonada y tener vida eterna. La Biblia dice en Juan 3:36: *"El que cree en el Hijo tiene vida eterna; pero el que rechaza al Hijo no sabrá lo que es esa vida, sino que permanecerá bajo el castigo de Dios."*

¡Arrepiéntete y cree en el evangelio HOY, antes de que sea demasiado tarde! Es así de simple y claro.

---

levantó de los muertos, serás salvo..." Yo uso el plural *"Confesasen:"* porque el reconocimiento de Cristo por el verdadero creyente no es cosa de una sola vez sino un continuo estilo de vida.

[46] Sproul, R. C., *Verdades Esenciales de la Fe Cristiana*, Tema 64 - Fe (Wheaton, Illinois: Tyndale House Publishers, Inc.) 1992.

CAPÍTULO 3

¿QUÉ ES LA FALSA COMISIÓN?

"Porque el que se avergonzare de mí y de mis palabras, de éste se avergonzará el Hijo del Hombre cuando venga en su gloria, y en la del Padre, y de los santos ángeles" (Lucas 9:26)

Hay muchos que están contentos con levantar sus manos durante la adoración, sacar sus libretas y anotar durante el sermón, asentir con la cabeza a lo que se predica, e incluso orar... pero no están dispuestos a obedecer lo que manda Cristo. ¿Por qué nos sentimos cómodos así? La respuesta es simple: Este es el modelo aceptable para el asistente promedio en la iglesia moderna típica en los Estados Unidos. La necesidad existente de evangelizar y testificar se proclama *dentro* de las paredes de la iglesia, pero rara vez es puesta en práctica *fuera de* las paredes de la iglesia. ¿Cómo es que muchas congregaciones e individuos resuelven esta falta de coherencia? ¡La no bíblica, pero conveniente respuesta, es aplicar la falsa comisión!

La falsa comisión se ajusta a un estándar flexible diseñado por el hombre mismo, en cuanto a evangelismo y discipulado. Por definición, la *falsa comisión* no requiere de la predicación verbal del evangelio. Muchos creen que hacen todo el evangelismo que necesitan, si solo invitan a alguien a la iglesia un par de veces al año. Para facilitarlo aun mas, la falsa comisión le permite a uno cambiar la definición de "proclamar el evangelio," haciendo que esto signifique hacer trabajo social, limpiar terrenos, o cualquier otra "buena obra" incluso si usted no usa conscientemente estas oportunidades como una oportunidad para decirle a la gente como ser salvos a través de Jesucristo.

Cuando hablo de evangelismo real me refiero a la proclamación del verdadero evangelio. Dios ha elegido proclamar su mensaje por medio de *"la locura de la predicación"*. 1 Corintios 1:21: *"Pues ya que en la sabiduría de Dios, el mundo no conoció a Dios mediante la sabiduría, agradó a Dios salvar a los creyentes por la locura de la predicación"*. Predicar el evangelio significa que el mensaje proclamado sea el bíblicamente correcto.

El falso comisionado entiende, en lo profundo de su corazón, que el mensaje bíblico real no es bien recibido. Es por esto que las sectas falsas, los anticristos y los charlatanes religiosos afirmaran estar predicando el evangelio cuando le dicen a las personas que Dios quiere que sean ricos, y que disfruten de *"Su vida más fácil ahora!"*[47] Otros falsos maestros dirán que su profeta, sacerdote o sus líderes religiosos son los mediadores que te llevarán al cielo. Las Escrituras dejan claro que el evangelio verdadero será una ofensa para el incrédulo. Esta ofensa frecuentemente se manifiesta en forma de la ridiculización y la persecución dirigida a los verdaderos cristianos.

He aquí la diferencia entre el cristiano que no cambia el mensaje de Dios y el líder religioso que intenta mercadear el mensaje. El mercader va a cambiar el empaque del evangelio para que sea más aceptable al inconverso. Esto resultará en que lo sigan más personas, más donaciones y poca persecución. El falso líder religioso ignora el hecho de que la iglesia es la institución ordenada por Dios, y no su organización personal. El mercader

---

[47] Juego de palabras intencional con el titulo del libro "Tu mejor vida ahora", del maestro herético Joel Osteen. Como diría un líder cristiano: "Si esta vida en la tierra es tu mejor vida —esto significa que estás planeando pasar la eternidad en el infierno".

determinará que las cosas van bien basado en lo abultado del número de asistentes. Peor aún, su éxito mundano y las grandes multitudes le convencen de que "tiene a Dios de su lado" y que este se complace de sus enseñanzas y metodología. Luego, este líder pondrá en posiciones de autoridad a individuos que son igual de carnales a él. Las Escrituras ya no son la autoridad final de la verdad para él. Sin tener que responder a las Escrituras, estos así llamados ministerio y misiones se transforman en lo que quiera este líder religioso. A fin de realizar un mercadeo exitoso de su autoproclamado ministerio, usará fotos de sus seguidores ayudando a los pobres y débiles, con el fin de bloquear a cualquiera que pudiese hacer preguntas desafiantes.

¿Por qué es la Falsa Comisión el modelo predominante para la mayor parte de la iglesia visible?

El primer capítulo menciona algunas de las razones por las cuales la falsa comisión es el modelo predominante en la mayor parte de la iglesia visible. Estas razones van, desde verdaderos cristianos que no han sido entrenados, hasta otros que son claramente falsos cristianos. No debemos pasar por alto que muchos de los que abrazan la falsa comisión operan teniendo en poca estima la autoridad de la Escritura. Ellos desatienden cualquier porción de esta que no esté acorde con el estilo de vida que han adoptado, y simplemente ignoran las palabras duras de Jesús. Su poca estima de la autoridad de la Escritura da como resultado una interpretación de acuerdo a su propia preferencia, con respecto a la Escritura y la profecía. (2 Pedro 1:20: *"Pero sabed antes esto, que ninguna profecía de la Escritura es de interpretación privada"*).

Las personas que niegan la inspiración, carácter inerrante y autoridad de la Escritura[48] pueden llamarse a sí mismas

---

[48] Inspiración, inerrancia y autoridad de las Escrituras: Cristo es el Verbo de Dios encarnado: Juan 1:1,14; 2 Pedro 1:20-21; 2 Timoteo 3:16;

"cristianos", pero solo lo son de nombre.[49] Jesús dijo en Lucas 6:46: *"¿Por qué me llamáis Señor, Señor y no hacéis lo que yo os mando?"*

El dejar a un lado la verdadera autoridad de las Escrituras se manifestará en una vida dominada por los deseos carnales, y no por el Espíritu.[50] Aquellos que viven según la carne serán muy sensibles a lo que los medios de difusión masiva, los amigos, compañeros de trabajo y el mundo en derredor piensen que el cristianismo *debe* ser. Esta orientación a los puntos de vista del mundo está en oposición con el llamado de Dios, como Santiago 4:4 dice: *"¡Oh, almas adúlteras!, ¿no sabéis que la amistad con el mundo es enemistad contra Dios? Cualquiera pues, que quiera ser amigo del mundo, se constituye enemigo de Dios"*. El mundo dejará claro al cristiano que él:

- No debe decirle a otros cómo vivir,
- No debe tener opiniones o juicios acerca de ninguna cosa como pecaminosa,
- No debe utilizar el nombre de Jesús en público (a no ser para tomarlo en vano),
- debe abogar por objetivos políticamente correctos, como prueba de que es una buena persona.

Muchos en la iglesia toman los rasgos mencionados y los asumen (consciente o inconscientemente) cuando formulan su

---

Proverbios 30:5-6; Apocalipsis 22:18-19.

[49] Mateo 7:21-23: *"No todo el que me dice: Señor, Señor entrará en el reino de los cielos, sino el que hace la voluntad de mi Padre que está en los cielos. 22Muchos me dirán en ese día: Señor, Señor, no profetizamos en tu nombre, y en tu nombre echamos fuera demonios? 23Y entonces les diré: Nunca os conocí, apartaos de mí, hacedores de maldad."*

[50] Romanos 8:5–8: *"Porque aquellos que son de acuerdo a la carne, tienen sus mentes en las cosas de la carne, pero los que son de acuerdo al Espíritu, a las cosas del Espíritu. 6Porque el ocuparse de la carne es muerte, pero el ocuparse del espíritu es vida y paz, 7 por cuanto los designios de la carne son enemistad contra Dios, Porque no se sujeta a la ley de Dios, ni tampoco pueden, 8 y los que viven según la carne no pueden agradar a Dios."*

visión de misiones o de evangelismo personal. Recientemente compartía con un hombre que estaba considerando la posibilidad de comenzar un ministerio que se involucraría en el evangelismo verdadero combinándolo con un proyecto de un orfanato. Esta persona me comentaba que había compartido su visión con otros que se llamaban a sí mismos cristianos. Muchas de las reacciones que había recibido mostraban gran interés en lo relacionado con el orfanato, pero una fría indiferencia cuando de evangelismo se trataba. Yo llamo a este estado mental "El Síndrome de la Madre Teresa". Estas gentes quieren verse como caritativas y compasivas, que se están dando a los huérfanos; no obstante, no están interesados de la misma manera en hacer lo que Jesús les manda a hacer en primer lugar —predicar fielmente el evangelio.

El *primer llamado* del cristiano no es *simplemente* ayudar a rescatar y consolar a otros de una situación de desamparo aquí en esta tierra (a pesar de la importancia que esto reviste: Santiago 1:27). Nuestra prioridad es ministrar a la necesidad eterna de las personas. Esta necesidad es escapar del juicio venidero a través de ser adoptados dentro del reino de Dios (Efesios 1:5 al 14, Romanos 8: 14-17). Jesús habló de su consolación a través del Espíritu Santo dado a sus hijos verdaderos en el evangelio de Juan 14:18_21:

> "No os dejaré huérfanos, vendré a vosotros [19]Todvía un poco, y el mundo no me verá más, pero vosotros me veréis, porque yo vivo, vosotros también viviréis. [20]En aquel día vosotros conoceréis que yo estoy en mi Padre, y vosotros en mí, y yo en vosotros. [21]El que tiene mis mandamientos, y los guarda, ese es el que me ama, y el que me ama, será amado por mi Padre, y yo le amaré y me manifestaré a él."

Cundo procesas esto detenidamente la falsa comisión es abrazada por mucha gente, iglesias y organizaciones para-eclesiales por dos razones fundamentales y estrechamente relacionadas: 1) evitar ser perseguidas, y 2) el deseo de que los demás piensen bien de ellas.

1) *Evitar la persecución:* La Escritura nos dice que el verdadero mensaje de Jesús es una ofensa para el inconverso (ej. 1 Pedro 2:8, Mateo 11:6, Mateo 13:57). El apóstol Pablo explica que los no regenerados no ven valor en las cosas de Dios: 1 Corintios 2:14: *"Pero el hombre natural no percibe las cosas que son del Espíritu de Dios, porque para él son locura, y no las puede entender, porque se han de discernir espiritualmente"*.

Si usted le explica al inconverso correctamente su necesidad de ser perdonado, ofenderá su sentido de religiosidad y justicia propia. Todo el mundo sabe que si una persona o grupo dice que les ofendiste por algo que dijiste, puedes esperar una amplia gama de represalias que van, desde la censura hasta revanchas al estilo fascista.[51] Ejemplos de estas represalias incluyen: el ridículo, la calumnia, que se burlen en el aula, que no te inviten a las fiestas, el aislamiento y que no te promuevan a puestos superiores en el trabajo (i.e. la visión norteamericana de lo que significa ser perseguido). No olvidemos que tenemos hermanos y hermanas en Cristo alrededor del mundo que también sufren la persecución por su fe en el Señor. Sus experiencias a veces pueden ser bien diferentes, pero incluyen: iglesias demolidas, hogares confiscados, niños separados de sus padres, golpizas, reclusión penitenciaria, personas quemadas, decapitadas, o muertas de otras maneras; PERO, si te involucras en la falsa comisión, generalmente puedes evitarte todo

---

[51] Webster define *Fascismo* en parte como: "...régimen severo en el ámbito económico y social y supresión por la fuerza de la oposición..." *Merriam-Webster Collegiate Dictionary, 11thedn.*

ese cúmulo de dificultades y, al mismo tiempo, sentirte realmente bien acerca de ti mismo y de tu vida religiosa.

2) *Deseo de que otros piensen bien de ti* (i.e., *complacencia al hombre*): La segunda razón por la cual la falsa comisión es adoptada por muchos es que todos nosotros deseamos gustarle a los demás, que nos elogien y piensen bien de nosotros. Esto se transforma en un problema serio, cuando es más importante para nosotros que el ser aprobados por Dios: Juan 12:43: *"porque amaban más la gloria de los hombres que la gloria de Dios"*. Si simplemente te involucras en las obras sociales y el activismo serás reconocido y felicitado por tu interés y sacrificio. Este tipo de personas son honradas por los amigos, organizaciones religiosas, empresas y firmas e, incluso, agencias gubernamentales, por el "buen trabajo que hacen". Disfrutarás el estatus de una persona que está "marcando la diferencia" o que tiene una "preocupación genuina".

En la mayoría de los círculos sociales es aceptable tener a un Jesús que es, o un activista social, un "hippy" sin hogar, o uno que no se atrevería a juzgar que algo está mal. No es aceptable tener a un Jesús que advierte acerca del infierno, llama a la gente para que se arrepienta del pecado y ponga su fe en su sacrificio en la cruz como el ÚNICO camino para ser perdonados. El apóstol Pablo nos alerta sobre la obra del diablo, creando un engaño atractivo en la formulación de un evangelio diferente, o un Jesús diferente: *"Porque si viene alguno predicando a otro Jesús que el que os hemos predicado, o si recibís otro espíritu que el que habéis recibido, u otro evangelio que el que habéis aceptado, bien lo toleráis".* (2 Corintios 11:4).[52]

Un cristiano verdadero, que camina según el Espíritu, no desea conducirse de una manera ofensiva o no bíblica que traiga vergüenza al Evangelio: 2 Corintios 6:3: *"...no damos a nadie ninguna ocasión de tropiezo, para que nuestro ministerio no sea vituperado..."* Desafortunadamente algunos intentan usar este versículo para justificar el no compartir el Evangelio con los demás. Explicarán que prefieren compartir su evangelio de una *manera sutil*, para no ofender a las personas al "sermonearles". 2 Corintios 6:3 no excusa a aquellos que, en realidad, no quieren predicar la verdad de Dios. Los versículos que están justo a continuación de 2 Corintios 6:3 dejan claro que el discípulo fiel que no quiere traer afrenta sobre el nombre de Cristo debe aún esperar sufrir persecución, deshonor y calumnia:

2 Corintios 6:3–10: *"...no damos a nadie ninguna ocasión de tropiezo, para que nuestro ministerio no sea vituperado, [4]antes bien, nos recomendamos en todo como ministros de Dios, en mucha paciencia, en tribulaciones, en necesidades, en angustias, [5]en azotes, en cárceles, en tumultos, en trabajos, en desvelos, en ayunos, [6]en pureza, en ciencia, en longanimidad, en bondad, en el Espíritu Santo, en amor sincero, [7]en palabra de verdad, en poder de Dios, con armas de justicia a diestra y a siniestra, [8]por honra y por deshonra, por mala fama y por buena fama, como engañadores pero veraces; [9]como desconocidos, pero bien conocidos, como moribundos, mas he aquí vivimos, como castigados, más no muertos; [10]como entristecidos, mas*

---

[52] Existen varios versículos acerca de estos temas, pero he aquí un pequeño ejemplo: <u>Guardaos del infierno</u>: Jesús dijo en Mateo 5:22: *"...todo el que diga, 'Necio,' será culpable de ser lanzado en el lago de fuego."* <u>Llamados al arrepentimiento</u>: Jesús dijo en Lucas 13:3: *"Les digo: No; sino que, a no ser que se arrepientan, perecerán igualmente."* <u>Llamados a la fe</u>: Juan 11:25: *"Jesús le dijo, "Yo soy la resurrección y la vida, el que cree en mí, aunque haya muerto, vivirá..."* <u>La única manera de ser perdonados está en Jesús</u>: Juan 14:6: *"Jesús le dijo a él: Yo soy el camino, y la verdad, y la vida; nadie viene al Padre si no por mí."*

siempre gozosos, como pobres, mas enriqueciendo a muchos, como no teniendo nada, mas poseyéndolo todo..."

Pablo también dijo, 2 Timoteo 3:12: *"Y también todos los que quieren vivir piadosamente en Cristo Jesús, padecerán persecución".*

La Falsa comisión expuesta.

Un verdadero viaje misionero tiene como su primer y primordial objetivo la *proclamación del evangelio.* Jesús dijo: *"...Vamos a los lugares vecinos, para que predique también allí, porque para esto he venido"* (Marcos 1:38). Vemos esto en el viaje misionero de Pablo y Bernabé en Hechos 13. La iglesia oró por ellos y luego fueron *"enviados por el Espíritu Santo..."* (Hechos 13:4). ¿Y para qué fueron ellos enviados? El versículo siguiente nos lo dice: *"...comenzaron a anunciar la palabra de Dios..."* (Hechos 13:5).

Desafortunadamente, no es este el caso de la iglesia contemporánea, donde un viaje misionero corto casi siempre está enfocado en algún proyecto de construcción o reparación de alguna instalación, elaboración de alimentos para los más desfavorecidos, atención médico sanitaria, acciones contra la trata de personas, u otra necesidad o problema social existente. Puede que estos servicios necesiten llevarse a cabo como parte complementaria de un ministerio local, pero nunca deben sustituir la proclamación del evangelio (lo que sucede frecuentemente). Sé honesto y pregúntate a ti mismo si, en los viajes misioneros en los que has estado involucrado, algunos de estos proyectos *especiales* han sido el tema de mayor importancia, o si ha sido la predicación del evangelio la cosa más importante. Estos proyectos especiales, si el tiempo lo permite, deben ser efectuados concertadamente con la predicación del evangelio, o como algo adicional a la predicación del evangelio. Sí, Jesús sanó a los enfermos, alimentó a los hambrientos y mostró compasión, pero su enfoque siempre fue predicar del reino de Dios. Él dijo *"...Vamos a los lugares vecinos, para que predique también allí, porque para esto he venido"* (Marcos 1:38). Siempre que vayamos de misión debemos predicar y decir, como Jesús, *"porque para esto he venido."*

Frecuentemente recibo cartas solicitando apoyo financiero de parte de aquellos que van a viajes misioneros de corta duración. La carta típica explica cómo el grupo va a ir y *mostrar el amor de Cristo* por medio de _____ (y aquí insertan un proyecto social). Desafortunadamente la mayor parte de estas misivas dicen poco o nada acerca de anunciar el evangelio. Aquellas que lo hacen, o llaman a su proyecto social *predicar el evangelio,* o mencionan el evangelismo como una idea de ultimo momento para complacer a aquellos que creen que eso debería hacerse. Una cosa está clara, presentan a mi su solicitud, orgullosos de que la importancia de su proyecto social es la mayor razón por la cual yo debería colaborar financieramente. Sería bueno que recordásemos que las Escrituras nos dicen que *Dios mostró su amor* por la gente pagando el precio por nuestros pecados en la cruz... no con un proyecto social de alcance temporal. Si verdaderamente queremos ir a algún sitio y mostrar el amor de Dios a otros, nuestra misión debe estar anclada con el mensaje mediante el cual Dios dice que demuestra su amor:

> *Pero Dios demuestra su amor para con nosotros en que siendo aún pecadores, Cristo murió por nosotros.* *[9]Pues mucho más, estando ya justificados en su sangre, por él seremos salvos de la ira. [10]Porque si siendo enemigos, fuimos reconciliados con Dios por la muerte de su Hijo, mucho más, estando reconciliados, seremos salvos por su vida."* (Romanos 5:8-10).

Algunas iglesias tratan de suavizar la falta de evangelismo de sus viajes misioneros, añadiendo en ellos una actividad para alcanzar personas nada amenazante o comprometedora... si cuentan con el tiempo para hacerlo. Por ejemplo, un grupo puede pasar el 85% del esfuerzo y del dinero de la misión construyendo una instalación, y luego combinar un pequeño programa para niños, o una pequeña salida evangelística, para disipar algo el sentimiento de culpa de que este, en realidad, no está enfocado en el evangelismo. Sí, Dios definitivamente quiere que alcancemos a los niños con el evangelio, y he ayudado por veinte años con programas para la evangelización de los niños y Escuelas Bíblicas de Verano. ¡Por favor, no me malentiendas! Pero por muchos años he observado tanto a adultos como a jóvenes que son felices al ayudar con los programas para niños para evitar el ridículo y la persecución que surgiría si hiciesen evangelismo enfocado a personas de su misma edad. Si dudas de lo que te digo, pregúntate a ti mismo cual es la razón por la que tantos adultos van con una sonrisa en sus rostros a ayudar en una Escuela Bíblica de Verano o en un ministerio infantil, comparados con los que van, con la misma sonrisa, a involucrarse directamente en el evangelismo "puerta a puerta."

Recientemente me tropecé con una persona que había estado en otro país en un viaje misionero. Le pregunté a ella qué había hecho. Me explicó que el grupo había tratado de explicar a los nacionales algunas ideas relacionadas con los negocios[53] y habilidades laborales, además de otras ayudas. Le pregunté si habían llevado a cabo alguna labor de evangelización. Humildemente me respondió: "No... pero la gente que ayudamos *sabían* que éramos de la iglesia". Así que, déjame ver si entiendo correctamente: ¡La persona gastó miles de dólares de misiones para ir al otro lado del mundo... a compartir un puñado de ideas de negocios! ¿Cuál es el resultado final?: ¿Esperar (por osmosis) que aquellos a los cuales se les dieron ideas acerca de negocios, corran a la iglesia, caigan de rodillas y pregunten, "qué debo hacer para ser salvo?" No, eso no sucederá. ¿Por qué no, además de pasar tiempo enseñando a las personas cómo adquirir las habilidades necesarias para obtener un empleo, al final de cada día, reúnes a los participantes por cinco minutos y compartes el evangelio, e incluso, les despides a casa con un tratado o una Biblia?

---

[53] Soy profesor adjunto, y he enseñado clases de negocios a nivel medio y superior. Sí, enseñar principios en el campo de los negocios puede ser una misión. Pero nunca será la misión principal: El evangelio sí lo es.

Un médico me contó que en muchas de las misiones medicas de las cuales tiene conocimiento se enfocan, casi exclusivamente, en asuntos médicos; muy poco o nada de intencionalidad para compartir el evangelio. Adicionalmente, muchas oportunidades son desperdiciadas al no existir un programa serio de seguimiento conducido por la iglesia local o las organizaciones misioneras patrocinadoras.

Esta manera de reclasificar a La Gran Comisión, en unión con la definición de misiones hecha por los hombres, es bastante común en la iglesia contemporánea. Parte del problema es que esta redefinición pasa desapercibida por el liderazgo de la misma iglesia. Por ejemplo, un grupo de jóvenes va de misión a un asilo para ancianos para jugar al bingo con los residentes. Muchos de los que allí viven se encuentran ya en el ocaso de su existencia aquí en la tierra y listos para entrar en la eternidad. Esto suena como una gran oportunidad de alcanzarles para Cristo. Los jóvenes y sus líderes tienen la atención de los ancianos por más de una hora durante el juego. ¿Qué les está diciendo la iglesia a los ancianos residentes en aquel asilo durante todo este tiempo? ¡Pues, cosas tales como: O-61, N-45, B-10, etc... por una hora! Ni siquiera un par de minutos al final del juego se dedican para explicarles verbalmente cómo ser salvados del juicio eterno, el cual pronto se han de enfrentar. El líder se aseguró muy bien de dejar bien claro que es *su* iglesia la patrocinadora de la actividad y de la cual vienen los obsequios (información, por demás, irrelevante para los residentes, pues la iglesia está en un pueblo lejano). Una vez finalizado el juego los miembros del grupo de jóvenes se sienten bien al haber podido pasar tiempo con los viejecitos y "mostrarles cuánto nos importan". Tal silencio relega el poder eterno del mensaje del evangelio y lo reduce a una mera auto-exaltación de un grupo local de servicio comunitario. El resultado es la misma definición de la falsa comisión (desafortunadamente, esta es una historia verídica).

Algunas iglesias envían a sus grupos de jóvenes a ayudar en la preparación y distribución de alimentos, y no comparten el evangelio, con la excusa de que no se lo quieren imponer a aquellos que serán los receptores de estos alimentos. Hace muchos años una organización me pidió ayudar a organizar un grupo de nuestra iglesia a recoger una cantidad grande de alimentos para las personas pobres de una comunidad. Decidí que, si íbamos a ayudar en la recogida de los fondos, los alimentos y las personas que los distribuyeran, también queríamos distribuir tratados y compartir el evangelio con ellos. La persona de enfoque religioso-social al mando no quería que tal cosa sucediera. De más está decir que le dije a ella que agradecíamos el gesto, pero declinábamos la invitación (me he dado cuenta que a muchos grupos de enfoque religioso-social son felices recibiendo el dinero y los recursos de las iglesias... pero no a su Jesús, curiosamente), después que dijimos, no, muchas gracias, la persona a cargo cambió de parecer, y terminamos alimentando a las personas, tanto física como espiritualmente.

Lamentablemente, muchos grupos de jóvenes se han dejado llevar, y han perdido la oportunidad de predicar el evangelio y hacer verdaderamente un buen trabajo. El problema radica en que muchos pastores de jóvenes están satisfechos con anunciar en el boletín o mural de la iglesia cómo "los jóvenes sirvieron en la preparación de alimentos comunitarios" (i.e. la falsa comisión). A estos líderes de grupos les vendría bien saber que las misiones de antaño, que alimentaban a los pobres preparando y distribuyendo comida, lo hacían mientras alguien se paraba sin ninguna vergüenza proclamando el evangelio mientras comían, o les pedían que asistieran a una breve reunión evangelística inmediatamente luego de haber sido servidos los alimentos.

La experiencia te enseñará con el tiempo lo que las personas del evangelio social ya saben muy bien. Una multitud se concentrará por las cosas que están regalando, pero muy pocos de ellos están allí por el evangelio. Es por eso que los grupos que abogan por el evangelio social están encantados con las grandes multitudes en sus eventos, en los cuales ellos dan regalos, ayudan o construyen, pero nunca predican el verdadero evangelio. Estas grandes aglomeraciones son también grandes oportunidades para tomar fotografías, de modo que se les muestran a las personas de regreso en la iglesia cuán exitosos fueron, y estas también sirven para la futura recaudación de fondos.

Cuando nuestros grupos misioneros incluyen repartición de alimentos y ropas, hemos aprendido a predicar primero y luego proveer para las necesidades físicas. ¿Por qué? Porque cuando se acaba lo que se regala, la gente se habrá ido. La mayor parte de la multitud está mucho más interesada en satisfacer sus necesidades inmediatas que en la búsqueda de la vida eterna. Jesús mismo señaló esto a la multitud de más de 5000 que él había alimentado el día anterior :

> *"Respondió Jesús y les dijo: De cierto, de cierto os digo que me buscáis, no porque habéis visto las señales, sino porque comisteis el pan y os saciasteis. [27]Trabajad, no por la comida que perece, sino por la comida que a vida eterna permanece, la cual El Hijo del Hombre os dará; porque a este señaló Dios el Padre'".* (Juan 6:26-27).

El encargo del Apóstol Pablo al cristiano es el de predicar la palabra como su verdadero llamado al evangelismo:

> *"Te encarezco delante de Dios y del Señor Jesucristo, que juzgará a los vivos y a los muertos en su manifestación y en su reino: [2]que prediques la palabra, que instes a tiempo y fuera de tiempo, redarguye, reprende, exhorta con toda paciencia y doctrina".* (2 Timoteo 4:1-2).

Si verdaderamente queremos ser fieles a la Gran Comisión, no es difícil compartir el evangelio de manera efectiva e involucrarnos en las buenas obras que glorifiquen a Dios —no a las personas. Por ejemplo, digamos que eres un dentista parte de un equipo misionero, y te tropiezas con un hombre que está sufriendo un gran dolor. Te das cuenta que tiene hinchado un lado de la cara. Luego de un examen ya has determinado que la causa de la hinchazón es un diente podrido. Trabajas con el paciente, y cuando terminas, ya se está sintiendo aliviado y emocionado. Le das seguidamente un frasco de antibióticos y le explicas cómo tomarlos. ¡Tu paciente está tan contento y agradecido! Aprovechas para charlar de lo contento que te sientes por haber ayudado a este hombre, que no podía haberse dado el lujo de recibir atención médica y después... le indicas que puede irse, y llamas al próximo paciente que le sigue ¿Quién recibe la gloria? Tú. ¿Qué sucedería si, en vez de disfrutar de lo bien que te sientes, dispusieras de 60 segundos adicionales y dijeras:

"José, mi amigo, te quiero decir una cosa. Yo sé que te sientes mucho mejor... pero en realidad estás mucho más enfermo de lo que piensas. [Ahora tienes toda la atención del paciente]. Tanto tú como yo tenemos una enfermedad, que si no se atiende, no solamente nos cuesta nuestras vidas, sino nuestras almas... Esa enfermedad se llama pecado. El resultado del pecado es el castigo en el infierno por siempre. La única cura posible no se encuentra en un frasco de píldoras. Está en la sangre de Jesucristo.

José, tú tienes que entender que Jesús murió en la cruz para pagar la pena del pecado, que es el juicio en el infierno. Para que esa pena en el infierno sea quitada, es preciso que tú, por el poder de Dios, te arrepientas de tus pecados y creas en el perdón que da Jesús. Él murió voluntariamente en la cruz para pagar la pena del pecado. Como él no tuvo pecado se levantó de entre los muertos a los tres días. ¡José, tú puedes ser sanado del juicio por el pecado y del infierno por siempre!

José, yo te agradezco que hayas venido hoy, y por el tiempo que me has dedicado. Por favor, recibe este Nuevo Testamento como un regalo. ¿Hay algo más que yo pueda hacer por ti? ¿Tienes alguna pregunta acerca de lo que te he dicho?"

¡Ahí lo tienes! La falsa comisión transformada en la Gran Comisión en tan solo 60 segundos. ¿Por qué alguien que dice que cree en Jesús descuida lo que manda el Señor? Puedes decir que no hablas el mismo idioma que José. No hay problema. Usa un traductor, o asegúrate de que tienes algunos tratados de buena calidad en su idioma. He predicado en iglesias y al aire libre con la ayuda de traductores. Conozco a un dentista que no conocía el idioma nativo; así que, mientras atendía al paciente, tenía puesta una grabación de alguien leyendo la Biblia en ese idioma. Imagínate la situación por un instante. El paciente está sentado en la silla de odontología, y no puede hacer otra cosa que escuchar el evangelio, en su lengua materna, mientras se atiende su dentadura. A esto se le llama maximizar la oportunidad.

Si realmente queremos decirles a otros acerca de Cristo, no es preciso que seamos inmensamente creativos para sacar provecho de *cada situación*. Es por eso que no creo que haya gran necesidad de discutir acerca del equilibrio existente entre el anunciar el evangelio y las buenas obras. Cuando se busca igualmente anunciar el evangelio y hacer buenas obras somos efectivos para el reino de Dios. La realidad es que la mayoría de nosotros prefiere no buscar ambas cosas simultáneamente. Con mucha frecuencia fallamos en usar nuestras habilidades solo para construir, reparar, comprar o dar —y no involucrarnos en la Gran Comisión. Cambiemos esto y enfoquémonos en la redención de Cristo y en las buenas obras para su gloria :

> Tito 2:13–14: *"...aguardando por la esperanza bienaventurado y la manifestación gloriosa de nuestro gran Dios y Salvador Jesucristo, ¹⁴quien se dio a sí mismo por nosotros para redimirnos de toda iniquidad y purificar para sí un pueblo propio, celoso de buenas obras".*

Encuentro interesante que muchos que se clasifican a sí mismos como gente del evangelio social niegan igualmente la Inerrancia y completa autoridad de la Biblia. Como no creen en la palabra de Dios frecuentemente no definen los términos de la manera en que la Biblia lo hace. Por ejemplo, dicen que ellos también "anuncian el evangelio". A continuación, si les pedimos que definan que es lo que significa "anunciar el evangelio." Algunos responden, en un tono solemne, diciendo: Es ser como Jesús... es "ayudar a la gente." Si continúas presionándoles para que te digan qué significa, con frecuencia su actitud se hace más agria, y se ponen a la defensiva, por el hecho que te atrevas a desafiarles. A menudo les escucho responder diciendo que han elegido "amar a la gente", ¡y no solo "decirle a la gente que van a ir al infierno!" Nota como disfrazan la cuestión. Su afirmación insinúa que, si alertas a las personas del juicio, no les amas, o simplemente te gusta acosar a la gente.

Muchos en las multitudes que siguen el evangelio social quieren un cristianismo a tono con su visión del mundo o sus necesidades emocionales.[54] Con frecuencia es una cosmovisión que

---

[54] Muchos en la iglesia visible han perdido su capacidad de discernir, todo lo que "se sienta bien" religiosamente hablando pasa la prueba, como si fuera teología sana. Un ejemplo clásico de esta epidemia de la que hablo está manifestada en la llamada : Lista de Libros Cristianos éxitos de venta. De acuerdo con la ECPA (Evangelical Christen Publishers Association) Asociación de Editores Cristianos Evangélicos, por sus siglas en inglés, los primeros ocho libros cristianos grandes éxitos de ventas en las listas del 2016, publicados en Abril, incluyen cuatro "Libros de Colorear para Adultos", junto con el éxito de ventas número uno, *Jesús llamando (Jesús Calling)*, de Sarah Young.

El éxito de ventas, *Jesús llamando* pudiera haber sido titulado de forma mas adecuada por su autora : *Llamándome a mí misma Jesús*. El libro está lleno de todo lo que a Young se le ocurrió escribir, lleno de cosas que suenan hermosas, cosas que ella quiso *sentir* que Jesús "le dijo". Al escribir lo que alega que Jesús le dijo (en primera persona) ella se convierte en el éxito de ventas número uno, y su persona es honrada por los libreros "cristianos", en vez de ser denunciada como hereje.

El neo evangelicalismo permite redefinir términos teológicos basado en cómo uno se *siente*. En una sociedad post moderna uno puede decidir por si mismo si las necesidades emocionales son mejor satisfechas por la versión de Jesús que ofrece Young —y no por el Jesús real del que nos habla la Biblia. Alguien puede decir que cree en la Inerrancia de las Escrituras, mientras que paralelamente puede afirmar que estas son insuficientes para sus muy delicadas y sensibles necesidades. (Young dice que sus mensajes van

les etiqueta como "muy buenas personas." Su error está basado en

---

dirigidos a la *"necesidad que existe". p. XIII.*) Young afirma: *"Yo sabía que Dios se comunicaba conmigo a través de la Biblia, pero yo ansiaba más."* —(*Jesús Llamando*, Nashville: Thomas Nelson, 2004, p. XI).

[Note que en últimas ediciones la línea fue quitada de la "Introducción". La actual "Introducción" ha sido claramente depurada, para así ocultar algunos de los verdaderos pensamientos de Young, así como su herejía (como por ejemplo, un párrafo donde manifiesta su admiración por el libro de ocultismo y Nueva Era, *Dios Llamando*, en su introducción del 2004, p. XI.)]

Como Young, el diablo tampoco estaba satisfecho con Dios, y "ansiaba más" (vea Isaías 14:13-14). Las Escrituras claramente nos dicen en Proverbios 30:5-6 que: *"Cada palabra de Dios es limpia; él es escudo para todos aquellos que en él esperan. ⁶No añadas a sus palabras, para que no te reprenda y seas hallado mentiroso"*. Una vez que escuché a una personalidad de la radio cristiana leyendo los escritos de Young al aire, a modo de "devocional". Llamé a la estación de radio y le pregunte al locutor acerca de lo que se estaba leyendo, y para mi asombro, el me dijo que estaba "basado en la Biblia." El se equivocaba. Solo por el hecho de que Young cite *referencias* de la palabra de Dios, o secuestre Su divino nombre "Yo Soy" (p. 86, 214, 355), o tenga la audacia de decir "Yo soy el Alfa y la Omega" (p. 237, 298) antes de hacer sus propias declaraciones, no eleva mágicamente sus palabras al nivel del Dios Eterno y Todopoderoso. Al ella decir que es Jesús mismo el que habla, por el hecho de que usa lenguaje que suena bíblico, y luego añadir un versículo bíblico a esto, no es muy diferente a Joseph Smith (fundador del Mormonismo) asegurando que las profecías eran de Dios, cuando trataba de oírse como Dios, usando el ingles de la Biblia King James (la versión del Rey Jacobo): (otras veces, simplemente plagiaba porciones de la Escritura tomada de la Versión King James). La verdadera palabra de Dios dice en Jeremías 23:31: *"Dice Jehová: He aquí que yo estoy contra los profetas que endulzan sus lenguas y dicen: El ha dicho"*.

Young es un ejemplo de la completa falta de discernimiento en la iglesia, y de por qué está perfectamente bien no tener en cuenta la Gran Comisión, y sustituirla por la falsa comisión. Es la suma total de: una visión pobre de las Escrituras, una vista alta de la aprobación mundana, y un tremendo deseo de "sentirse bien". La Biblia dice en 2 Timoteo 4:3-4: *"Porque llegará el tiempo cuando no podrán sufrir la sana doctrina, sino que, teniendo comezón de oír, se amontonarán maestros conforme a sus propias concupiscencias, ⁴y apartarán de la verdad el oído, y se volverán a las fábulas"*. Que Dios nos otorgue arrepentimiento.

la falta de conocimiento y aplicación de la Escritura. Jesús no se enfocó en organizar grupos para la preparación y repartición de alimentos por las ciudades de Israel, ni tampoco fue el promulgador de mítines políticos buscando justicia social del César. la Biblia dice que Jesús predicó el evangelio con palabras: Marcos 1:14-15:

> "... Jesús vino a Galilea predicando el evangelio de Dios y _diciendo_: "El tiempo se ha cumplido y el reino de Dios se ha acercado, arrepentíos y creed en el evangelio".

Es también muy significativo que la palabra _arrepentirse_ está a menudo ausente del vocabulario del evangelio social.

La razón por la cual el cristiano debe comenzar con el evangelismo mientras se involucra en las buenas obras es resultado directo del mismo ejemplo de Jesús. En Lucas 4:43: _"...Él les dijo: es necesario que también a otras ciudades anuncie el evangelio del reino de Dios, porque para esto he sido enviado"._ El mismo ejemplo es mostrado más adelante, cuando le dijo a los discípulos: Lucas 9:2: _"y los envió a predicar el reino de Dios, y a sanar a los enfermos"._

Los falsos comisionados a menudo defenderán la idea de un "viaje misionero" donde no se proclama el evangelio, diciendo que solamente "quisimos que la gente viera a Jesús a través de nuestras acciones". Otra de las frases que se oye comúnmente es que "fuimos allí tan solo para amar a las personas". ¿Qué quiere decir esto? Esta frase es frecuentemente usada como un código de lenguaje para decir que el grupo se comportó de manera muy amable, repartieron cosas gratis a la gente, tomaron fotografías de ellos mismos trabajando, subieron las mismas fotos e imágenes a las redes sociales y... en realidad nunca le dijeron a nadie cómo ser salvo.

Cierta vez estaba yo con un pequeño grupo en África, en un orfanato durante el verano del 2013. El grupo estaba ayudando a alimentar a los niños y darles ropas. Compraron colchones nuevos, ayudaron a los chicos con las tareas de la escuela, fueron con ellos a un viaje al zoológico y a la playa, y... les anunciaron el evangelio todas las noches, oraron junto a ellos cada día, les proporcionaron copias del evangelio según San Juan, trajeron y dejaron una gran colección de videos de historias de la Biblia, así como los equipos para ver los videos una vez que hubiesen partido. El grupo amó a esos niños y a sus líderes, ministrando tanto a sus necesidades físicas como espirituales. Así que, librémonos de esta forma de hablar, decir que fuimos allí tan solo para *"darle amor a las personas"*, como la manera evangélica de decir que fuimos a un viaje de la iglesia y no nos involucramos en la Gran Comisión. No puedo pensar en un acto más carente de amor que, teniendo el conocimiento de cómo ser salvado del futuro juicio condenatorio, no compartirlo. Eso no es "amarlos", es *odiarlos*. Déjame darte un ejemplo:

Supón que soy tu vecino, y que es alrededor de la 1:30 a.m., y veo que se desata un incendio en tu casa. Sé que, si voy corriendo a tu puerta y la golpeo con fuerza, gritando y vociferando, voy a interrumpir el sueño de tu familia, y que toda el vecindario pensará que soy un loco fastidioso. Para proteger mi imagen de "buen tipo" —uno que no se va a los extremos— tan solo llamo al cuerpo de bomberos. Llegan 15 minutos *tarde*. Los bomberos irrumpen en la casa en llamas, y a duras penas, logran sacarte con vida. Lamentablemente esos bomberos se atrasaron un par de minutos para poder salvar a tus tres niños, de 7, 4 años, y 2 meses de edad. El horror de sus gritos desesperados de agonía junto con la muerte de tu querida esposa es más de lo que puedes soportar.

¿Qué pensarás de mí, cuando descubras que estuve todo el tiempo consciente del extremo peligro en el que se encontraba tu familia durante... 15 minutos antes de que llegara el socorro... *y no dije nada.* No te va a importar nada cuando yo diga: "¡Me sorprendió mucho que el fuego se esparciera tan rápido! " ¿Qué vas a pensar cuando me veas decir, con una sonrisa tímida: "Yo no quería que me vieran como el loco del vecindario, gritando a la 1:30 en la madrugada"? La sangre te empieza a arder en las venas. Por tu mente no pasa, ni por un instante, qué persona más razonable, moderada y bondadosa soy. En vez de pensar eso, me gritas desesperado: "¡Estúpido cerdo egocéntrico! Mientras mi familia moría calcinada y entre gritos de agonía... lo único que pudiste pensar fue en ti mismo, y en como TU imagen luciría ante el vecindario!"

Los defensores de la falsa comisión dicen que saben lo que va a pasar (i.e. el juicio del infierno), pero van a esperar el tiempo adecuado para advertir a las personas. Esta lección me tocó aprenderla en la manera más dura, hace ya algunas décadas durante un invierno estando yo en la universidad. Había un compañero de estudios al cual apenas conocía. Parecía una de esas personas que siempre están contentas y a gusto. Por un par de veces estuve enzarzado con él en uno de esos pequeños "debates cristianos" antes de las clases. Parecía más o menos interesado, pero realmente no compartí el evangelio con él. Supongo que yo estaba esperando "el momento correcto". Más tarde me di cuenta que no volvió a aparecer por la clase. Pregunté por él, y me dijeron que se había suicidado al saltar al vacío desde el puente sobre las aguas heladas del río que está debajo. Treinta y dos años después, cuando visité el colegio, al cruzar el puente, su rostro fue lo primero que vino a mi mente.

El Nuevo Testamento no apoya "¡proclamar el evangelio... sin palabras!" El evangelio se proclama con palabras. Es el método ordenado por Dios.

1ra de Corintios 1:21: "...*Agradó a Dios salvar a los creyente por la locura de la predicación*".

Hechos 8:35: *"Entonces Felipe, abriendo su boca, y comenzando desde esta escritura, le anunció el evangelio de Jesús".*

2da de Timoteo 4:17: *"...para que por mí fuese cumplida la proclamación, y que todos los gentiles oyesen..."*

Algunos grupos del evangelio social nunca proclaman el *verdadero evangelio,* para así poder mantener su estatus como activistas, que nunca querrán ofender el sentido de justicia propia del incrédulo. En el momento en que empiezan a tener algunas dudas acerca de si están o no involucrados en la Gran Comisión, tales dudas son instantáneamente disipadas por la consideración que reciben por parte de los demás. Si por casualidad se cuestiona su silencio al respecto, algunos dirán (con el tono quedo y solemne de un monje) que: "Estamos para predicar el evangelio en todo tiempo... y usar palabras cuando sea necesario". Al decir tal cosa creen que han levantado una coraza impenetrable contra cualquier desafío (i.e. porque todos los cristianos están de acuerdo en que han sido llamados a una vida agradable a Dios y a hacer buenas obras).

La frase "Predica el evangelio en todo tiempo; y cuando sea necesario, usa las palabras", es un concepto falso, creado por hombres que tienen *"la apariencia de sabiduría"* (Colosenses 2:23). Para que esto sea cierto habría que borrar las últimas palabras de Jesús: *"...Id a las naciones y predicad el evangelio a toda creación"* (Marcos 16:15). La definición de Jesús de "predicar el evangelio" es claramente verbal y no muda. Litfin afirma: "Nunca, en el Nuevo Testamento, se dice que los hechos 'prediquen' nada en y por ellos mismos. Siempre que algo se predica, siempre es de contenido verbal".[55]

Cuando se usa la frase "Predica el evangelio en todo tiempo, y cuando sea necesario, usa las palabras", se está tratando de inferir

---

[55] Litfin, Duane (2012) *Palabras contra Hechos* p.42 (Crossway Press).

que no se es simplemente uno que le gusta hablar, sino alguien que está comprometido en su versión del evangelio "real"… (i.e. ayudando a la gente). No solo la afirmación "Predica el evangelio en todo tiempo, y cuando sea necesario, usa las palabras" carece de base en las Escrituras, sino que es casi siempre erróneamente atribuida a San Francisco de Asís. El biógrafo Mark Galli (autor de *Francisco de Asís y su mundo*) señala que "Ninguna biografía escrita [acerca de Francisco] dentro de los primeros 200 años que siguieron a su muerte contiene esta declaración. Es muy improbable que una cita tan contundente como esta haya sido pasada por alto por sus primeros discípulos".[56]

La verdad es que no importa si fue Francisco, o Francisca, o quien sea que haya dicho algo que contradice las Escrituras. La Biblia dice que todos los cristianos tienen que luchar para vivir vidas agradables a Dios delante de los no creyentes, pero una vida agradable a Dios es producto del amor a Cristo, y nunca para eludir la responsabilidad de decirle a otros la verdad del evangelio. Galli apunta más adelante que "dar las Buenas Nuevas a través de las buenas obras, es lo mismo que comunicarlas en las noticias de la noche". ¡Esta *predicación silenciosa* del evangelio es una negación del mandato de las Escrituras de predicar con la palabra!

> Romanos 10:13–15: "…*Porque todo aquel que invocare el nombre del Señor será salvo.* [14]*¿Cómo pues invocarán a aquel en el cual no han creído? ¿Y cómo creerán en aquel del cual no han oído? ¿Y cómo oirán sin haber quien les predique?* [15]*¿Y cómo predicarán, si no fueren enviados? Como está escrito: ¡Cuán hermosos son los pies de aquellos que anuncian la paz!*"

Un escritor señala que en las Escrituras el evangelio es difundido a través de la proclamación. Necesitas ver estos versículos y aceptar este hecho: Mateo 4:23, 9:35, 11:5, 24:14, 26:13; Marcos 1:14, 13:10, 14:9, 16:15; Lucas 9:6, 20:1, 3:18, 8:1, 4:15, 43, 16:16;

---

[56] Vea *Hable el Evangelio* by Mark Galli, *Christianity Today*, post 5/21/2009.

Hechos 8:12, 25, 40, 10:36, 14:7, 21, 15:7, 16:10; Romanos 1:15, 10:15, 15:20,16:25; 1 Corintios 1:17, 9:14-18, 15:1; 2 Corintios2:12, 10:16, 11:4; Gálatas 1:8-9, 11; 2:2, 3:8, 4:13; Efesios 6:19; Colosenses1:23;1 Tesalonicenses 1:5; 2:2, 9,13.

Puedes ir a una región pobre del mundo, invertir millones de dólares y reedificarla de manera que luzca como tu vecindario de clase media-alta. Cuando termines, notarás que la gente, en su corazón, permanece fundamentalmente igual. Están aún perdidos, y dirigiéndose al infierno... lo mismo que tu vecindario... [¡parece que has encontrado tu primer campo misionero!] Si quieres una prueba de que esto no cambia el interior de la gente, mira a los gobiernos que han empleado trillones de dólares para luchar contra la pobreza. Enormes complejos habitacionales, entrenamiento técnico para empleo, seguridad social, bonos para la adquisición de alimentos, ayuda para la calefacción... la lista es interminable. ¿Por qué no ha eliminado todo esto los verdaderos problemas internos de la gente desde hace décadas? Si los gobiernos, con sus vastos recursos y gastos, no han resuelto el problema, ¿voy a engañarme al pensar que mi insignificante cantidad de dinero les va a poder comprar la salvación? No, pero Jesús si compró verdadera salvación para la gente, y estamos para decirles acerca de ello. Es la única esperanza eterna que tienen.

Las necesidades físicas del mundo son interminables. Jesús dijo que los pobres siempre estarán contigo y puedes hacerles el bien cada vez que quieras. (Marcos 14:7). Solo el verdadero evangelio puede cambiar el destino eterno de la persona, independientemente de la circunstancias físicas y temporales de cada cual.

¿Cómo es que nuestra visión de las Escrituras afectan a aquello que llamamos "misiones"? Déjame ponerte un ejemplo. En una iglesia yo conocí a un joven cristiano respetado, el cual sentía un vívido deseo de alcanzar a su comunidad con el evangelio. Desarrolló y ejecutó un proyecto evangelístico casa por casa bien planeado, siendo su visión para cada uno de los hogares visitados: 1) alcanzarlos con el evangelio; 2) orar por ellos; 3) informarles acerca de una iglesia a la que pudieran asistir, si buscaban una; y, 4) dejarles a todos un plato de galletas recién horneadas con chispitas de chocolate. Luego de anunciar el plan durante los servicios de la iglesia, un grupo de solo ocho a diez personas aparecieron para ir a visitar de casa en casa.[57] Otros intentos que hizo trajeron el mismo resultado. Aquellos que salieron fueron bendecidos y se sorprendieron de lo bien que fueron recibidos. Algunas de las familias visitadas estaban en crisis. La mayor parte de ellas quisieron que personas a las cuales no conocían orasen por ellas, y a todas les encantaron las apetitosas galletitas.

Un tiempo después a la misma congregación se le informó de un proyecto para llenar decenas de miles de bolsas de alimentos para ser enviados al extranjero, y distribuirlos allí por grupos tanto religiosos como seculares. La iglesia pagó a la organización unos $22,000 para traer el evento al local donde se congregaban. Aproximadamente 280 personas se brindaron para trabajar.[58] La mayoría de ellos estuvieron las dos horas de asistencia que se les pedía. Cuando todo terminó, alguien dijo que estaban contentos de haber podido venir y que "les había hecho sentirse bien interiormente".

A la mayor parte de nosotros nos gusta tener nuestras llamadas misiones, que nos hagan sentir "bien interiormente". Puedes construir grandes iglesias y otras organizaciones, si la gente sale diciendo que se sienten "bien interiormente". Desafortunadamente esta no es la medida bíblica de un ministerio exitoso. En vez de asegurarnos de "sentirnos bendecidos", tenemos que decir *"bendice alma mía al Señor"*.[59] Todos luchamos con los deseos carnales de auto-aprobación, al igual que con obtener el aplauso de los demás. Algunos equivocadamente sirven en la iglesia, creyendo que, si ganan la aprobación de gente importante, son aprobados por Dios. Recordemos, fue este mismo deseo carnal por ganar la

---

[57] 2011

[58] 2013

[59](Salmo 103)

aprobación por parte de los líderes de la iglesia lo que trajo el juicio de Dios y la muerte a *Ananías y Safira* (Hechos 5:1-14).

Todas nuestras preocupaciones por la aprobación del mundo se evaporarán cuando recordemos que debemos estar más preocupados por lo que Dios piensa de nuestro servicio, que por lo que piensan los demás. Pablo entendió esto cuando dijo: *"Porque, ¿busco ahora el favor de los hombres, o el de Dios? O ¿estoy luchando por agradar a los hombres? Si estuviera aun tratando de agradar a los hombres, no sería un siervo de Cristo.* (Gálatas 1:10). Nuestro servicio a Dios no debe ser negligente o de segunda clase. Debemos tener un temor santo de Dios, no temor al hombre: *"Y si invocáis por Padre a aquel que sin acepción de personas juzga según la obra de cada uno, conducíos con temor todo el tiempo de vuestra peregrinación..."* (1ra de Pedro 1:17). Los verdaderos cristianos no se avergüenzan del mensaje del evangelio. Por otro lado, los falsos creyentes usarán proyectos de servicio social para camuflar su vergüenza por el verdadero mensaje del evangelio —Jesucristo. Pablo entendió la importancia y el poder del verdadero mensaje del evangelio:

> Romanos 1:16-17: *"Porque no me avergüenzo del evangelio pues es poder de Dios para salvación de todo aquel que cree, al judío primero, y también al griego. 17Pues en él la justicia de Dios es revelada de fe a fe, como está escrito, 'PERO EL JUSTO POR LA FE VIVIRÁ'".*

Jesús es aquel que define la Gran Comisión, no nosotros o el mundo alrededor nuestro. No tenemos que reescribir los objetivos o los métodos. No es la meta de las misiones hacernos sentir bien, sino llevar a cabo de manera fiel el llamado de nuestro Señor. Marcos 16:15: *"Y él les dijo: "Id por todo el mundo y predicad el evangelio a toda criatura".* No hay ningún "problema en el evangelio", somos nosotros los que no obedecemos. El evangelio no establece una visión diametralmente opuesta entre predicar la salvación o suplir las necesidades físicas. El evangelio exige la proclamación de las buenas nuevas, junto con un corazón de siervo, de compasión y de servicio.

El término *misiones* ha llegado a ser algo difuso. Hasta las corporaciones tienen ahora una "declaración de misión". Un individuo puede decir que está en una "misión personal". Algunas iglesias están prestas a llamar *misiones* a cualquier cosa que tenga apariencia de buena obra, independientemente de si está cimentada en la verdad bíblica o no. Jesús afirma claramente que el deseo de Dios es que aquellos que lo adoran lo hagan en espíritu y en verdad: *"pero la hora viene, y ahora es, cuando los verdaderos adoradores adorarán al Padre en espíritu y en verdad, pues tales adoradores el Padre busca que le adoren".* (Juan 4:23). A la hora de evaluar una misión para involucrarnos en ella o para apoyarla, debemos mirar más allá de la apariencia superficial y observarla a través del lente de la palabra de Dios. Esta evaluación incluirá los aspectos siguientes: 1) una revisión exhaustiva de la declaración doctrinal de la misión, 2) un análisis de la *aplicación real* de lo que dice la declaración doctrinal de dicha misión, 3) responsabilidad bíblica (financiera, ética y moralmente), y finalmente 4) si la organización mantiene un compromiso comprobado en comunicar el evangelio a los que no son salvos.

No podemos llamar ciegamente una *misión cristiana* a cualquier cosa que parezca *buena*. Tome el ejemplo de las bolsas de alimentos que mencionábamos antes. Cristianos y los que no lo son, en cualquier lugar del mundo están de acuerdo en que alimentar a los hambrientos es algo encomiable. Si vamos más allá del superficial "sentirme bien", ¿lleva a cabo la iglesia *realmente* la definición de Jesús de lo que es la Gran Comisión —la cual claramente incluye predicar *el evangelio a toda criatura* (Marcos 16:15), haciendo discípulos, bautizando discípulos, y enseñándoles a guardar todas las cosas que Cristo manda (Mateo 28:19-20)? Examinemos este proyecto de cuatro maneras basadas en el análisis de las Escrituras:

1) Te "asocias" con una organización que dice ser cristiana. ¿Qué es lo que dicha organización piensa que significa ser cristiano? La declaración que más se aproxima a lo que se entiende como cristianismo

bíblico que tienen es: "Creemos que hay un Dios, en tres personas: Padre, Hijo y Espíritu Santo. Él nos ha guiado a ayudar a otros que tienen necesidad". Aunque esto puede sonar bien, está lejos de ser algo que, con solo leerlo, nos permita saber que se trata de una organización cristiana. Un no cristiano puede creer en este pronunciamiento. Satanás mismo cree en este pronunciamiento (y nunca se salvará). Muchas sectas (como la de los mormones) dirán que creen en el Padre el Hijo y el Espíritu Santo. Si estudias estas sectas te darás cuenta de que no son el mismo Padre, Hijo, y Espíritu Santo de la Biblia. Por ejemplo, para los mormones, Jesús es un antiguo espíritu, hermano de Satanás. El Jesús de los Testigos de Jehová no es Dios, Mi punto es que uno no debe automáticamente pensar que un ministerio es bíblicamente sólido por el mero hecho de compartir un planteamiento trinitario general, juntamente con la afirmación de seguir a Jesús y hacer su voluntad. Incluso, las sectas pueden alegar lo mismo.

¿Qué más ofrece la organización que pruebe su cristianismo? En ningún lugar alega adhesión a otras doctrinas fundamentales de la fe tales como: infalibilidad de la palabra de Dios, el nacimiento virginal, la naturaleza libre de pecado de Jesús, sus milagros, su señorío, la caída del hombre y la depravación humana, el juicio por el pecado y la eterna condenación en el infierno como consecuencia, y la salvación de ese infierno solo por la gracia de Dios a través de la fe en Jesucristo y en su pago sacrificial por el pecado en la cruz, sin necesidad de añadir nada más (por nombrar solo unas pocas). Desde el primer momento te percatas de que existe un problema bien serio cuando los fundamentos de la genuina fe cristiana son ignorados bajo el estandarte de "cristiano" y la alimentación de las personas. Ayudar al desvalido y alimentar al hambriento es algo que todos los cristianos debemos hacer, pero tan solo dar de comer a las personas no lo hace a uno cristiano.

2) La solicitud de empleo de la organización establece que esta "celebra la diversidad". Esto suena positivo, pero luego deja claro que celebra la "orientación sexual" de sus empleados. Para una organización que dice ser cristiana esto muestra una visión muy pobre y descuidada de lo que la Biblia dice que es pecado. La Gran Comisión declara que estamos para enseñarles a otros a obedecer todos los mandamientos de Jesús. ¿Cómo es que esta muy celebrada posición de la organización permanece fiel a Mateo 28:20? ¿Deseas que tu *misión cristiana* sea dirigida por una organización que está a favor de una conducta que se opone a las Escrituras?[60] Entonces, ¿por qué no hacer que la iglesia misma *"celebre"* a aquellos que no se arrepienten: mentirosos, adúlteros, ladrones, o sacerdotes que abusan de menores —o será que solo hemos de celebrar pecados políticamente correctos? El cristianismo no sostiene que ciertos pecados que están mal y otros que son aceptables. La palabra de Dios dice: *"Todo aquel que comete pecado, infringe la ley, pues el pecado es infracción de la ley".* (1ra de Juan 3:4). El pecado es pecado, da igual que sea el pecado mío o el tuyo; *todos* somos culpables de pecado, y necesitamos el perdón de Jesucristo.

---

[60] La ley en el Antiguo Testamento hablaba en contra de la conducta homosexual (Levítico18:22, 20:13). El Nuevo Testamento también habla de la homosexualidad como un pecado tanto en Romanos 1:26-32 como en 1 Corintios 6:9-11. Aquellos que alegan que Jesús nunca habló en contra de la homosexualidad y el matrimonio homosexual están ignorando voluntariamente las claras enseñanzas de la Biblia y las mismas palabras de Jesús en Mateo 19:4-5: *"...El que los creó desde el principio los creo varón y hembra, ⁵y dijo, 'Por esto, dejará el hombre a padre y madre, y se unirá a su mujer; y serán una sola carne'".*

El cristianismo no celebra ningún pecado, sino que celebra el que Dios nos haya hecho libres de la esclavitud del pecado. En Juan 8:34-36: *"Jesús respondiéndole les dijo, 'De cierto, de cierto os digo, que todo aquel que hace pecado, esclavo es del pecado. [35]El esclavo no queda en la casa para siempre, el hijo sí queda para siempre. [36]Asi que, si el Hijo os libertare, seréis verdaderamente libres'"*. Vemos el corazón de Dios de perdón, gracia y restauración demostrado en la respuesta del padre en la parábola del hijo pródigo: *"...'porque este mi hijo muerto era, y ha revivido, se había perdido y es hallado'. Y comenzaron a regocijarse."* (Lucas 15:24). ¡Sí, somos gente que se regocija en la inefable gracia de Dios! En 1 Corintios 6:9-11 vemos estos conceptos acerca de la seriedad de todo pecado, el eterno juicio venidero y el perdón que es posible solo en Jesucristo:

> 1 Corintios 6:9–11: *"¿O no sabéis que los injustos no heredarán el reino de Dios? No os engañéis; ni los fornicarios, ni los idólatras, [10]ni los adúlteros, ni los afeminados, ni los que se echan con varones, ni los ladrones, ni los avaros, ni los borrachos, ni los maldicientes, ni los estafadores, heredarán el reino de Dios. [11]Y esto erais algunos; pero habéis sido lavados, habéis sido santificados en el nombre del Señor Jesús, y por el Espíritu de nuestro Dios"*.

3) La organización establece que "Exhortaremos a personas de todas las creencias para que nos ayuden a llevar a cabo nuestra misión".[61] La Escritura no apoya tal visión para una misión cristiana. Es el diseño de Dios

---

[61] Nuestro compromiso con la excelencia" (declaración). (Information per online publication on 8-2014).

que el cuerpo de Cristo proclame el evangelio, y que cada ministerio esté edificado teniendo a Cristo como único fundamento: 1 Corintios 3:11: *"Porque nadie puede poner otro fundamento que el que está puesto, el cual es Jesucristo"*. La Biblia establece que las verdades de Dios son locura para los que no creen: 1ra de Corintios 2:14: *"Pero el hombre natural no percibe las cosas que son del Espíritu de Dios, porque para él son locura, y no las puede entender, porque se han de discernir espiritualmente."* Existen muchas organizaciones que pueden llevar a cabo sus *misiones* con no creyentes, pero la verdadera misión del cristianismo (la de predicar el evangelio) es llevada a cabo por aquellos que están llenos y son guiados por el Espíritu Santo (i.e. aquellos que han sido salvados por Cristo).

2 Corintios 6:14–15: *"no os unáis en yugo desigual con los incrédulos, porque ¿qué compañerismo tiene la justicia con la injusticia?, ¿y qué comunión tiene la luz con las tinieblas? [15]¿O qué concordia Cristo con Belial? ¿O qué parte el creyente con el incrédulo?"*

4) Finalmente, la organización estipula claramente cuando distribuye los paquetes de alimentos, *no* ofrece un mensaje cristiano.[62] El cristianismo verdadero ofrece

---

[62] Ellos afirman en su sección FAQ de Junio 2014:
> [Pregunta] "¿Requieren que se comparta el mensaje cristiano mientras se sirven los alimentos?"
> [Respuesta:] "No. Nuestros alimentos se les dan a los niños que más los necesitan, independientemente de su fe o de si se comparte un mensaje cristiano..."

[Note el débil argumento que se usa: La pregunta no fue: "¿Alimentan solo a los niños que son cristianos?" No obstante, la respuesta distorsiona la cuestión para inferir que así fue. La respuesta parece diseñada para avergonzar al que pregunta, infiriendo que él no está interesado en alimentar niños hambrientos si *no son* cristianos. Es un pronunciamiento que rápidamente distrae la atención del hecho de que se esta ignorando el mensaje del evangelio en medio de su trabajo "cristiano." Desde los tiempos

el mensaje de vida eterna del evangelio de Jesucristo. Si no hay un Jesús verdadero —¡tampoco hay un cristianismo verdadero! No apoyaré una autodenominada "misión cristiana" que no proclame de forma clara la doctrina cristiana de manera coherente, y que, aún peor, esta comprometida con la posición de que su organización en específico *no compartirá el mensaje del evangelio* mientras realizan su servicio. Existen muchas organizaciones cristianas importantes de socorro, las cuales suplen gran cantidad de necesidades de los pobres, los hambrientos y los huérfanos —¡conjuntamente con la sana doctrina y una clara presentación del evangelio! Estos grupos son aquellos cuya calificación como cristianos debería recibir un firme apoyo de parte de los seguidores de Cristo. El mensaje de Dios es lo que más importa. Como dice en Deuteronomio 8:3: *"...para que él pudiera haceros entender que no solo de pan vive el hombre, <u>sino de todo lo que sale de la boca de Dios</u>"*.

<u>Resumen</u>: Así que, luego de completar aproximadamente unas 560 horas de trabajo[63] y $22,000 de inversión en provisiones, otros gastos y en transportar el evento a tu iglesia, ¿qué garantía obtuviste de la organización en tu meta de llevar a cabo la Gran Comisión? ¡Ninguna en absoluto! ¿Y entonces, qué? Por dentro nos sentimos bien... realizamos un formidable "trabajo misionero" y la

---

de Cristo, los verdaderos cristianos siempre compartieron el *evangelio dador de vida* junto con alimentos, cuidados médicos, educación, fondos financieros, etc., con todas las personas, independientemente de su religión, nación, raza, sexo u orientación. Los verdaderos cristianos entienden su propia condición de pecado, y que nada, tan solo Cristo, puede sanarles. Por ello, el verdadero cristianismo irá, incluso, hasta los más remotos confines de la tierra para cuidar y proveer para más que tan solo el cuerpo físico; se preocupa por el alma eterna que vive para siempre].

[63] Si tienes a 280 personas, cada cual trabajando 2 horas = 560 horas. No incluyendo el trabajo en comité, coordinaciones, comunicación, etc.

iglesia recibió cobertura positiva por parte de los medios de difusión... ¡tenemos el espíritu de misiones...!, ¿verdad?

Actos de compasión y cuidado son el resultado que fluye de forma natural producto de la predicación del evangelio —*no un sustituto del mismo*. Incluso los niños cristianos pequeños entienden lo que se persigue en un verdadero viaje misionero. Recientemente fui invitado a hablar a un grupo de chicos jóvenes acerca de las misiones. Comencé preguntándole al grupo acerca de lo que creían que los misioneros hacían. Las respuestas venían de todas partes diciendo cosas tales como: "¡Ellos les hablan a las personas de Dios!", "¡Le dicen a la gente acerca de Jesús!" No hay ninguno que mencione alguna de las causas sociales tan populares dentro de la iglesia de hoy.

Si has sido cristiano por largo tiempo, habrás notado que hay preocupaciones sociales que aparecen cíclicamente tanto en la iglesia como en la sociedad que la rodea. A lo largo de algún ciclo en particular algunos de estos temas son más populares que otros. En el momento en que se redacta este trabajo, una causa popular e importante es la "toma de conciencia del tráfico de personas". Si realmente quieres que ser tomado en serio en el ministerio, tu iglesia hará de la toma de conciencia del tráfico de personas su *misión*.

Sin lugar a dudas, la compra, venta y abuso de nuestros semejantes es horrible —es satánico. El problema está en que algunos cristianos (no todos) hablan apasionadamente de su meta social particular... ¡y allí cesa todo! Acabo oyendo poco acerca de cómo el grupo predica verbalmente el evangelio a los que está ayudando. Recientemente recibí una carta solicitando apoyo de parte de una organización que en el pasado ha mencionado el nombre de Cristo en su misión en contra de la trata de seres humanos. En la carta más recientemente recibida, el nombre de Jesús no es mencionado ni siquiera una vez. Todas las personas necesitan la transformación que Dios da, y no solo algunos intentos de rehabilitación. Lamentablemente, algunos grupos misioneros atenúan la luz sobre verdadero evangelismo, mientras incrementan la luz sobre sus intereses particulares.

Algunos en la iglesia están impresionados con la idea de ser tan audaces y justos en la lucha en contra de la trata de seres humanos. ¿Por qué no tienen la misma visión respecto al evangelismo? ¿Por qué es que algunos dentro de la iglesia fallan en reconocer que el ser libertado "del tráfico humano" es un reflejo de lo que realmente significa el evangelio? Cristo establece que, sin el evangelio la persona es *esclava del pecado*. Las Escrituras dejan bien claro que el *esclavo del pecado* se dirige a una eternidad en el infierno —una existencia mucho peor que cualquier cosa en esta tierra. Ser un esclavo del pecado debe ser considerado como un tráfico humano *espiritual*. 1ra de Juan 3:8 establece que "*...aquel que practica el pecado es del diablo, pues el diablo ha pecado desde el principio. El Hijo de Dios apareció para este propósito, para destruir las obras del diablo*". ¿Por qué, entonces, se encuentran algunos jóvenes tan enamorados de la lucha contra el tráfico de personas, pero no tienen una pasión igual o mayor por anunciar el evangelio? Muchas organizaciones seculares y gubernamentales están luchando igualmente contra el tráfico de personas, y tampoco anuncian el evangelio. Tanto los perversos traficantes de personas como sus víctimas necesitan la transformación por medio del amor de Jesús. Solamente el evangelio de Jesucristo libera verdaderamente a los que se encuentran cautivos.

> Juan 8:34-36: "*Jesús les respondió: De cierto, de cierto os digo, todo aquel que practica el pecado, esclavo es del pecado.* [35]*El esclavo no permanece en la casa por siempre, el hijo permanece por siempre;* [36]*Por tanto si el Hijo os hace libres, seréis verdaderamente libres*".

[Mi mensaje personal a aquellos que ayudan a las víctimas del tráfico de personas: Por favor, entiendan lo que hay en mi corazón. Se que es una labor muy importante. Mi punto es que predicar el evangelio es el llamado más alto del Cristiano, y no simplemente el activismo social. Estoy seguro que muchos de ustedes coinciden conmigo. No se trata de escoger entre predicar o la compasión, *son las dos cosas*. Que conste, no soy ingenuo en lo que concierne a la seriedad del problema, ni es que sea un problema de "percepción" para mí. Por más de veinte años he demandado, apelado y litigado para conseguir o mantener condenas en contra de secuestradores, violadores, individuos dedicados a la pornografía infantil, violadores de niños, practicantes de la violencia infantil, asesinos de niños y homicidas. He trabajado por muchos años en impulsar políticas, legislaciones y otros recursos legales para proteger a la sociedad de personas culpables de delitos sexuales. Entiendo, por tanto, la seriedad del problema y reconozco el trabajo hecho por ustedes].

A modo de resumen: El verdadero mensaje del discípulo es uno de redención predicada y de buenas obras manifestadas. Esto vino a mi mente mientras me encontraba en la cima de una montaña en otro país. Desde la cima se veía una magnífica vista de la ciudad que yacía a sus pies. El misionero local que estaba con nosotros nos dijo: "Hay tres cosas que duran por siempre: Dios, la palabra de Dios, y las almas de los hombres". Es por ello que nos involucramos en la Gran Comisión, porque es el alma de una persona la que vivirá por siempre.

Tito 2:13–14: *"...aguardando la esperanza bienaventurada y la manifestación gloriosa de nuestro gran Dios y Salvador Jesucristo, ¹⁴quien se dio a sí mismo por nosotros para redimirnos de toda iniquidad y purificar para sí un pueblo propio, celoso de buenas obras".*

LA FALSA COMISIÓN

THE
FAKE
COMMISSION

CAPÍTULO 4

¿QUÉ ES EL VERDADERO DISCIPULADO?

"Y nos mandó que predicásemos al pueblo, y testificásemos que él es el que Dios ha puesto por luz de vivos y muertos" (Hechos 10:42).

Es falso un evangelio que sostiene que no hay ningún costo en el verdadero *discipulado*. Ser un discípulo no es simplemente "donar" tu tiempo para ayudar en una iglesia. No es pasar tres minutos por la mañana leyendo un "devocional sentimental". El llamado no negociable de Jesús al discipulado es muy diferente de un ruego lleno de emocionalismo de un evangelista para que "invites a Jesús a entrar en tu corazón".

Jesús deja bien claro que ser un discípulo suyo no es ni pasajero ni cómodo. Él asevera en Lucas 14:26-33:

"Si alguno viene a mí, y no aborrece a su padre y madre y mujer e hijos y hermanos y hermanas, y aún también su propia vida, no puede ser mi discípulo. [27]Y el que no lleva su cruz y viene en pos de mí, no puede ser mi discípulo. [28]Porque ¿quién de vosotros, queriendo edificar una torre, no se sienta primero y calcula los gastos, a ver si tiene lo que necesita para acabarla? [29]No sea que después que haya puesto el cimiento, y no pueda acabarla, todos los que lo vean

comiencen a hacer burla de él, [30]diciendo, 'Este hombre comenzó a edificar y no pudo acabar'. [31]¿O qué rey, al marchar a la guerra, no se sienta primero y considera si puede hacer frente con diez mil al que viene contra el con veinte mil? [32]Y si no puede, cuando el otro está todavía lejos, le envía una embajada y le pide condiciones de paz. [33]Así pues, cualquiera de vosotros que no renuncia a todo lo que posee, no puede ser mi discípulo".

Has escuchado probablemente muy pocos mensajes (o ninguno) predicados acerca de esta porción. Prediqué acerca de esta pasaje en México hace algún tiempo. Comencé el sermón preguntándole a la congregación cuántos de ellos eran discípulos de Cristo. Casi todas las manos se levantaron en entusiasmo. Proseguí luego predicando (a mí mismo y a la congregación) por 45 minutos acerca de estas palabras duras de Jesús en Lucas 14:26-33 y en otras porciones de las Escrituras. Terminando ya el sermón le pregunté de nuevo a la congregación: "Entonces, ¿cuántos de ustedes quieren ser ahora discípulos de Cristo?" Un poco menos de la mitad en el lugar levantó la mano esta vez. Las palabras de Jesús en Lucas 14:26-33 no son precisamente un discurso para reclutar; mas bien, ¡son palabras para perder reclutas! Cuán chocante es escuchar a Jesús explicar que nuestra devoción a él debe ser absoluta, que incluso el amor por la familia debe lucir como odio, en comparación con nuestro amor y devoción a nuestro Dios creador. *"Si alguno viene a mí, y no aborrece a su padre, y madre, y mujer e hijos, y hermanos, y hermanas, y aun también su propia vida, no puede ser mi discípulo.* (Lucas 14:26).

Jesús es claro al señalar que el precio del discipulado es real, costoso, y una decisión. Es real, en cuanto a lo que declaró Jesús cuando dijo: *"Aquel que no lleve su cruz, y no viene en pos se mí, no puede ser mi discípulo..."* Es costoso, cuando él mismo dice: *"...ninguno que no abandone todas sus posesiones, puede ser mi discípulo".* La decisión la vemos en esta otra aseveración de Jesús: *"Porque, ¿quién de ustedes, queriendo edificar una torre, no se sienta primero y calcula el costo de esta, para ver si tiene lo suficiente para completarla?"* Uno debería pensar muy cuidadosamente en estas cosas antes de declararse su discípulo, o *"invitar a Jesús a entrar en su corazón"* como algunos se refieren a esto. Es importante entender que en ningún lugar de las Escrituras dice que alguien puede ser salvado por Jesús, y simultáneamente rehusar ser su discípulo. Las palabras de Jesús en Lucas 14:26-33 hacen añicos la creencia popular de que si "hacemos la oración" Jesús me ayudará a obtener lo que quiero durante esta vida, y me otorgará también un seguro contra incendios para cuando muera.

Lucas 14:27 declara: *"Todo aquel que no lleve su propia cruz y venga en pos de mí, no puede ser mi discípulo".* En ese verso Jesús no está señalando específicamente la cruz que él iba a llevar, sino la que sus discípulos habrían de soportar. En Mateo 16:24-28 Jesús vuelve a tocar el tema de la cruz, explicando que el verdadero seguidor de su voluntad tendría que *"negarse a sí mismo, tomar su cruz y seguirle".* Los discípulos sabían exactamente lo que él les quería decir (i.e. se les estaba llamando a que muriesen a ellos mismos, lo cual incluía la posibilidad de la muerte física, por su identificación con Cristo).

"Tan solo unos pocos años antes de haber pronunciado Jesús estas palabras, un zelote llamado Judas había convocado a una banda de rebeldes para luchar contra las fuerzas de ocupación romanas. La insurrección fue sofocada fácilmente, y para enseñarle una lección a los judíos, el general romano Varo ordenó la crucifixión de más de 2000 judíos. Sus cruces flanqueaban los caminos de Galilea de un extremo al otro".[64]

Note que Jesús hizo una afirmación muy similar acerca de la cruz con anterioridad en Mateo 10:38: *"Y*

---

[64] MacArthur, J. F., Jr. (1985). *Mateo.* MacArthur Comentario del Nuevo Testamento (p. 199). Chicago: Moody Press.

aquel que no toma su cruz y me sigue, no es digno de mí". Cada persona tiene un deseo natural por la auto preservación. Pero protegerse uno mismo no es la visión de un verdadero discípulo de Cristo. Debes estar totalmente entregado a Jesús, sin reservarte nada, incluyendo la vida que Dios te ha *prestado*.[65]

El verdadero discípulo no es aquel que se espanta y huye una vez que el fuego de la persecución se acerca por la senda en la que transita. Ya ha sido advertido de esto por parte de Cristo, y asume que esta persecución ha de venir. Como valora en nada todas aquellas cosas que posee (*"aquel que renuncia a todas sus posesiones"*) e incluso se tiene por muerto a esta vida (*"lleve su cruz..."*) está mejor equipado para combatir contra sus propias ambiciones carnales por el poder del Espíritu Santo. Es capaz de entender que esta persecución por causa de Cristo es una parte de la vida que hay que esperar . 2 Timoteo 3:12 dice: *"Y de cierto, todos aquellos que deseen vivir una vida piadosa en Jesucristo, serán perseguidos"*. El mismo Jesús les advirtió a sus discípulos que los odiarían y matarían por ser seguidores suyos.

Juan 15:18-19: *"Si el mundo os aborrece, sabéis que me ha aborrecido antes a mí que a vosotros. [19]Si vosotros fuerais del mundo, el mundo os amaría, pero como no sois de este mundo, sino que os he sacado del mundo, por esto el mundo os aborrece"*.

Juan 16:2-4: *"Os expulsarán de las sinagogas, y aun viene la hora cuando cualquiera que os mate, pensará que rinde servicio a Dios. [3]Y harán esto porque no conocen al Padre ni a mí . [4]Mas os he dicho estas cosas, para que cuando llegue la hora, os acordéis que*

---

[65] Nota que tu misma alma te fue *prestada* por tu Creador. El Señor dice, en Ezequiel 18:4: *"He aquí todas las almas son mías..."* Luego de la muerte, el cuerpo físico de la persona retorna al polvo, y su alma va a Dios (i.e. todas las almas pertenecen a Dios). Eclesiastés 12:7: *"...y el cuerpo volverá al polvo, del cual fue formado. Y el espíritu vuelve a Dios, que lo dio."*

ya os lo había dicho. Esto no os lo dije al principio, porque yo estaba con vosotros".

Durante el verano del 2014 mi esposa, mi hija y yo estábamos en Uganda, ministrándoles a algunos niños cristianos en un orfanato. Cierto día le pregunté a los chicos si querían aprender cómo evangelizar. Un grupo, de aproximadamente diez de ellos, fueron con nosotros a algunos poblados a entregar copias del evangelio de Juan y marcadores de la Biblia que explicaban el evangelio. Esta era la primera vez para todos esos chicos que hacían parte de la proclamación pública del evangelio. Era emocionante ver cómo Dios abría las puertas para que ellos compartiesen con otros ugandeses. El grupo fue valiente y efectivo. Pero, más importante que eso, aquellos muchachos habían *calculado el costo* en sus corazones antes de ir.

Mientras estábamos en un poblado, una adolescente de nuestro grupo vino adonde estaba mi esposa y le dijo: "¿Ve a aquel hombre que está allá?" Luego le señaló a un hombre vestido al estilo musulmán. "¡Cuando yo le di uno de los marcadores de los evangelios, me dijo que me quería cortar la cabeza!" Después ellas me llamaron y me dijeron lo que había pasado. Me detuve un momento, y le dije que no se turbara su corazón. Luego le dije: "...¿qué puedo decirte? —esto viene incluido en el paquete". Los dos nos miramos y sonreímos al unísono, asintiendo. Ella continuó trabajando. El resto del grupo vio que ella había quedado imperturbable aun siendo amenazada, y respondieron retornando al trabajo, efectuándolo rápido y con gozo. La chica había entendido el costo que tiene el discipulado. También entendió la necesidad que tiene de Cristo la persona que la había amenazado —como más tarde demostró la carta que recibí de parte de ella. [El Inglés es su segunda lengua, así que dispensen los pequeños errores]:

"...Gracias por enseñarme acerca del evangelismo, aunque alguien me dijo que me iba a cortar la cabeza, cuando estaba dándole un marcador, y por favor, usted

debe orar por esa persona para que cambie y deje que Cristo sea su salvador ...»

El que no considera el costo, sino que confía en sus propias habilidades, emociones bien intencionadas y falsa teología, al final tendrá como resultado el ridículo y el fracaso.

> Lucas 14:28-30: *"Porque ¿quién de vosotros, queriendo edificar una torre, no se sienta primero y calcula los gastos, para ver si tiene lo que necesita para acabarla? 29No sea que una vez que haya puesto el cimiento, y no pueda acabarla, todos los que lo vean comiencen a hacer burla de él, 30diciendo, 'Este hombre comenzó a edificar, y no pudo acabar'".*

La gente puede ser *manipulada* para que asista a la iglesia, para que se una a programas, e incluso para que acepte un evangelio falso. Pero no pueden ser *manipulada* para la salvación —pues es únicamente la obra de Dios.[66] Jesús dijo: *"...Por eso os he dicho, que ninguno puede venir a mí, si no le fuere dado del Padre".* Juan 6:65. Es por ello que debemos dejar claro a aquellos que serán discípulos que deben calcular el costo. No debemos ser consumidos por las técnicas mercantiles carnales, que hacen a la iglesia lucir atractiva desde un punto de vista de "oferta y demanda". Aquellos que han venido atraídos por las instalaciones y las multitudes no se quedarán cuando oigan la predicación del mensaje verdadero. Jesús lo señala en Juan 6:63-66:

> *"El Espíritu es el que da vida; la carne para nada aprovecha; las palabras que yo os he hablado son espíritu y son vida. 64Pero hay algunos de vosotros que no creen. Porque Jesús sabía desde el principio quiénes eran los que no creían, y quién le había de entregar. 65Y dijo: Por esto os he dicho que ninguno*

---

[66]Jesús dijo: *"...Por eso os he dicho, que nadie puede venir a mí, a no ser que se os lo haya sido dado por el Padre".* (Juan 6:65).

puede venir a mí, si no le fuere dado del Padre".
⁶⁶Desde entonces muchos de sus discípulos volvieron
atrás, y ya no andaban con él".

El falso comisionado espera ser apreciado (no odiado). Espera que se le honre tanto en círculos religiosos como en seculares (no que lo arrojen de ellos). En resumen, el ser apartado, calumniado, perseguido y muerto *no* es para lo que el discípulo de la *falsa comisión se enlistó.*

¿Cuál debe ser la respuesta del verdadero discípulo ante la persecución? Nunca la de auto compadecerse, o temer que Dios lo ha abandonado. ¡El discípulo, en cambio, debe regocijarse de ser digno de sufrir por causa de Jesús!

Hechos 5:40-41: *"Y convinieron con él, y llamando a los apóstoles, después de azotarles, les intimaron a que no hablasen en el nombre de Jesús, y los pusieron en libertad. ⁴¹Y ellos salieron de la presencia del concilio, gozosos de haber sido tenidos por dignos de padecer afrenta por causa del nombre de Jesús".*

Mateo 5:10-12: *"Bienaventurados los que padecen persecución por causa de la justicia, porque de ellos es el reino de los cielos. ¹¹Bienaventurados sois cuando por mi causa os vituperen y os persigan, y digan toda clase de mal contra vosotros, mintiendo. ¹²Gozaos y alegraos, porque vuestro galardón es grande en los cielos; porque así persiguieron a los profetas que fueron antes de vosotros".*

¿Cómo responde un discípulo verdadero a aquellos que le atacan? Jesús dice a sus discípulos que deben responder en amor y oración.

Romanos 12:14: *"Bendecid a aquellos que os persiguen, bendecid y no maldigáis".*

Mateo 5:43-45: *"Habéis oído que fue dicho: 'Amarás a tu prójimo y aborrecerás a tu enemigo.' [44]Pero yo os digo, amad a vuestros enemigos, y orad por aquellos que os persiguen, [45]para que seáis hijos de vuestro Padre que está en los cielos; porque él hace que el sol salga para los buenos y para los malvados, y envía la lluvia para los justos y para los injustos".*

Frecuentemente me pregunto cómo se verá la iglesia en los Estados Unidos cuando enfrenten la verdadera persecución (¡y está llegando!) ¿Por cuánto tiempo llenarán las grandes multitudes las mega-iglesias? ¿Y qué cuando la asistencia empiece a mermar? ¿Y cuando exista un desplome súbito en las ofrendas que se necesitan para pagar las deudas de la bella instalación donde se congregan? ¿Tratará, acaso, la iglesia de frenar las deserciones, tratando de pasar por alto las enseñanzas de Cristo que ofendan a los nuevos convertidos, o resulten en persecución? (el negociar con la palabra de Dios ya ha comenzado en iglesias que se consideraban espiritualmente sanas). Tal vez, para mantener a las multitudes, la iglesia enfatice más en las "necesidades palpables" y se transformen en centros de terapia para encontrar ayuda para tu matrimonio, la crianza de los hijos, o controlar el sobrepeso. Muchas de las iglesias históricas de los Estados Unidos tomaron esta visión hace décadas. La iglesia guiada por el consumidor ha constituido siempre una atracción para muchos.

J. C. Ryle (1816-1900) ofrece un resumen para esta sección, mostrando que los falsos discípulos no son nada nuevo:

"De hecho, no hay nada que haya hecho más daño al cristianismo, que la práctica de llenar las filas del ejército de Cristo con todo aquel voluntario que esté dispuesto a hacer una pequeña profesión de fe, y hablar con fluidez de su 'experiencia'. Ha sido dolorosamente olvidado que los números, por sí solos, no hacen la fuerza, y que puede existir una gran cantidad de religión meramente exterior, pero con muy poca gracia real. No le ocultemos nada a los nuevos creyentes y a aquellos que quieren saber de

Cristo: No les alistemos bajo falsas pretensiones. Digámosle, claramente, que hay una corona de gloria al final, pero no por eso les dejemos de decir, igual de claramente, que existe una cruz diaria que cargar en el camino".[67]

A continuación está el artículo completo titulado: *"SIN RESERVAS, SIN RETIRADAS, SIN LAMENTOS"*, del cual porciones fueron reimprimidas por *Nuestro Pan Diario*, 31 de Diciembre, 1988, y *The Yale Standard*, Otoño, edición del 1970.[68]

SIN RESERVAS; SIN RETIRADAS, SIN LAMENTOS:
"En el 1904 William Borden se graduó de una escuela de enseñanza media superior de Chicago. Como heredero...[69] ya era desde un millonario. Como regalo de su graduación de la escuela, sus padres le dieron al chico Borden, de 16 años, un viaje alrededor del mundo. Mientras el joven viajaba a través de Asia, el Oriente Medio y Europa, sentía como en su corazón se acumulaba cada vez más una carga por las personas que sufrían en el mundo. Finalmente, William Borden, escribió a su casa contando acerca de su 'deseo de ser misionero'. (1)

---

[67] Ryle, J.C., *Matthew* (Pensamientos expositores acerca del Evangelio) (Crossways Classic Commentaries: v.1) p.59. Ryle (1816-1900) se le conocía por sus tratados y por su prédica, como evangélico anglicano. Fue el primer obispo de Liverpool.

[68] Me disculpo, al no poder citar el autor especifico del artículo, pero se mencionan fuentes en las notas del artículo.

[69] La fortuna del padre de Borden provenía de sus acciones en la minería de la plata, y no de fincas lecheras, como dice el artículo original. Vea también: Wiersbe, Warren W.,(2009) *50 People Every Christian Should Know,* (p.341) Grand Rapids, MI: Baker Books.

Uno de sus amigos expresó su sorpresa de que él se estuviese 'desperdiciando a sí mismo como misionero'. Como respuesta, Bill escribió dos palabras en la parte de atrás de su Biblia: *'Sin reservas'*. A pesar de que el joven Borden era adinerado, llegó al recinto de la Universidad de Yale en el 1905 tratando de lucir como cualquier estudiante de primer año. No obstante, muy pronto, los condiscípulos de Borden notaron algo bastante inusual acerca de él, y no era su dinero: 'Él llegó a la universidad, bastante más adelantado, espiritualmente, que cualquiera de nosotros. Ya le había rendido su corazón por completo a Cristo y lo había hecho de verdad. Nosotros, que fuimos sus compañeros, aprendimos a confiar en él, y a encontrar en él una fortaleza que era tan sólida como una roca, tan solo por su propósito determinado y su consagración'. (2)

Durante sus años de universidad, Bill Borden escribió un apunte en su diario que definiría lo que sus compañeros veían en él. Lo que escribió simplemente decía: *"Di 'no' al yo y 'sí' a Jesús a cada momento"*. (3) La primera decepción de Borden en Yale llegó cuando el presidente de la universidad habló acerca de que los estudiantes necesitaban "tener un propósito fijo." Luego del discurso, Borden escribió en su diario: *"descuidó el decir cuál debe ser nuestro propósito, y dónde tenemos que adquirir la habilidad de perseverar y de resistir las tentaciones"*. (4) Al observar la facultad de Yale, y a muchos del cuerpo estudiantil, Borden se lamentó de lo que vio como el resultado final de esta filosofía vacía: debilidad moral y vidas arruinadas por el pecado.

Durante su primer semestre en Yale, Borden comenzó algo que transformaría la vida en campus.

Uno de sus amigos describió como sucedió: "Estaba ya bien avanzado el primer semestre cuando Bill y yo comenzamos a orar junto por las mañanas antes del desayuno. No puedo decir positivamente de cuál de los dos salió la sugerencia, pero debe haber sido de Bill. Solamente nos habíamos encontrado para orar tres veces, cuando un tercer estudiante se nos sumó, y luego, un cuarto. Luego de una breve lectura de las Escrituras, el tiempo transcurría en medio de la oración. El dominio que Bill tenía de las Escrituras era útil... nos leía de la Biblia, nos mostraba algo que Dios había prometido procedía a clamar por esa promesa con seguridad". (5)

El pequeño grupo matutino de oración de Borden dio a luz un movimiento que se difundió a través de toda la Universidad. Ya para fin del primer año, 150 estudiantes de primer año se estaban congregando para estudios Bíblicos semanales y cultos de oración. Ya para cuando Borden estaba al culminar sus estudios, 1.000 de los 1.300 estudiantes con que contaba la Universidad de Yale se congregaban en estos grupos. Era costumbre de Borden tratar de buscar a aquellos estudiantes "incorregibles" y tratar de traerlos a la salvación. En su segundo año organizamos grupos de estudio bíblico, dividimos las clases de a 300 o mas, cada uno de nosotros interesado en tomar un grupo, para que todos, si esto fuera posible, pudiesen ser alcanzados. Los nombres se leían uno por uno, y se hacía la pregunta: "¿Quién se encarga de esta persona? Cuando era mencionado un nombre que se pensaba que era una proposición difícil, había un silencio sepulcral. Nadie quería tal responsabilidad. Luego se oía la voz de Bill: "Apúntenmelo a mí". (6)

El ministerio misionero de William Borden no se restringió a los predios universitarios de Yale. Se preocupó por las viudas, los huérfanos y los discapacitados. Rescató a personas del abismo del alcohol en las calles de New Haven. Para rehabilitarles fundó la Misión Esperanza de Yale. Uno de sus amigos escribió que "lo podían encontrar con frecuencia en las partes más pobres de la ciudad por la noche, en la calle, en una pensión barata, o en alguna fonda, donde había llevado a comer a un pobre que se moría de hambre, buscando llevar a aquellos hombres a Cristo". (7)

El llamado misionero de Borden se decantó hacia la etnia musulmana de Kansu, en la China. Una vez que tuvo aquella meta en la mira Borden nunca vaciló. También inspiró a sus compañeros de aula a que consideraran seriamente servir en las misiones. Uno de ellos dijo: "Realmente fue una de las personalidades más fuertes que he conocido, y ayudó al fortalecimiento del resto de nosotros en la Universidad. Realmente tenia la fortaleza del hierro adentro, y siempre creí que era del material con el cual estaban hechos los mártires y los heroicos misioneros de tiempos mas modernos."(8)

A pesar de ser millonario, Bill parecía siempre "darse cuenta que siempre debía estar involucrado en los negocios de su Padre, y no malgastar tiempo en la búsqueda de la diversión". (9) Aun cuando Borden declinó el unirse a fraternidad alguna, "hizo más con sus condiscípulos en sus últimos años, que todo lo que había hecho anteriormente". Presidió la enorme conferencia estudiantil misionera celebrada en la Universidad de Yale, y sirvió como presidente de la sociedad honorífica Phi Beta Kappa. Luego de graduarse de Yale, Borden rechazó algunas ofertas de trabajo muy bien remuneradas. En su Biblia escribió dos palabras más: *"Sin retiradas."*

William Borden siguió, luego de graduarse, a trabajar en el Seminario de Princeton, en New Jersey. Luego de finalizados sus estudios en Princeton, partió para la China. Como esperaba trabajar con musulmanes, hizo primeramente escala en Egipto para estudiar el idioma árabe. Mientras se encontraba allí, contrajo meningitis espinal. Solo un mes después, y con tan solo 25 años de edad, William Borden estaba muerto.

Cuando las noticias de la muerte de William Borden llegaron por cable a los Estados Unidos, la historia fue publicada por casi todos los diarios del país. "Una ola de dolor le dio la vuelta al mundo… Borden, no solo (regaló) su riqueza, sino que se dio a sí mismo, con tanto júbilo y naturalidad como si esto (pareciese) más un privilegio que un sacrificio", escribió Mary Taylor, en la introducción a su biografía. (10) ¿Fue acaso la muerte prematura de Borden una vida desperdiciada? No en los planes de Dios. Antes de morir Borden había escrito dos palabras más en su Biblia. Bajo las palabras *'Sin reservas'* y *'Sin retiradas'*, había escrito también: *'Sin lamentos'"*.

(1) Taylor, Mrs. Howard. Borden of Yale '09. Philadelphia: China Inland Mission, 1926, p. 75.
(2) Ibid., page 98.
(3) Ibid., page 122.
(4) Ibid., page 90.
(5) Ibid., page 97.
(6) Ibid., page 150.
(7) Ibid., page 148.
(8) Ibid., page 149.
(9) Ibid., page 149.
(10) Ibid., page ix.
Porciones vueltas a imprimir por Nuestro Pan Diario, Diciembre 31, 1988, and The Yale Standard, Fall, edición de 1970".

Discípulo, recuerda que es Jesús mismo quien te llama "bienaventurado" en Lucas 6:22: *"Bienaventurados sois, cuando os vituperen, y os aparten, y os insulten, y renieguen de vuestro nombre como malvado, por amor del Hijo del Hombre."*

THE
FAKE
COMMISSION

CAPÍTULO 5

¿QUÉ HAY ACERCA DE LAS BUENAS OBRAS Y LA ESCRITURA: "...*por cuanto no lo hiciste a uno de los más pequeños...*"?

"Porque por gracia sois salvos por medio de la fe, y esto no de vosotros, pues es don de Dios; ⁹no por obras, para que nadie se gloríe. (Efesios 2:8–9).

Las multitudes del evangelio social generalmente citarán Mateo 25:45 en su material de campaña promocional: "...*en cuanto no lo hiciste a uno de estos más pequeños, tampoco a mí lo hicisteis*". Este es su versículo favorito para inferir que alimentar, vestir, sanar y visitar a otros, es lo que *realmente* le preocupa a Jesús..., no predicar verbalmente el evangelio a la gente. Su material promocional puede llevar veladamente la implicación de que si no estás interesado en apoyar su obra social, entonces no te preocupas por "*uno de estos más pequeños.*" Dicha implicación es llevada a veces un paso adelante para inferir que quizás ni te interesa ayudar a Jesús (i.e. "*tampoco a mí lo hiciste*"). La tergiversación más seria de Mateo 25:31-46 es que se obtiene la salvación por las buenas *obras* hechas por " *uno de estos más pequeños.*"

Un análisis detallado de Mateo 5:31-46 *no enseña* que debemos eliminar la predicación del evangelio porque hacer buenas obras es el verdadero camino para ganar la salvación. Más aun, tampoco *enseña* que uno es "hermano" de Jesús (i.e. parte de la familia de Dios) sencillamente por ser pobre, estar hambriento, sediento, enfermo, encarcelado o mal vestido.[70]

Para entender esta porción de la Escritura debemos leerla teniendo en cuenta su contexto y el programa de los eventos que narra. Las ovejas y las cabras aquellos que estarán vivos inmediatamente después de la gran tribulación (v. 31-32). Las ovejas son los verdaderos seguidores de Jesús, quienes dan amor y consuelo a sus hermanos en Cristo (hermanos de Jesús) en el tiempo de la gran tribulación. La realidad de su fe y amor por Cristo se manifiesta en el amor y cuidado de sus hermanos creyentes (hermanos de Jesús —a uno de estos más pequeños). Dijo Jesús en Juan 13:34-35:

> *"Un mandamiento nuevo os doy: Que os améis unos a otros; como yo os he amado, que también os améis unos a otros. [35]En esto conocerán todos que sois mis discípulos, si tuviereis amor los unos con los otros".*

Las cabras son los hipócritas (especialmente hipócritas religiosos) siempre viéndose a si mismos mas positivamente que la realidad. Las cabras llaman *Señor* a Jesús (Mateo 25:44) y alegarán haber hecho lo correcto si se les da la oportunidad (v. 44). La verdad es que estos no tienen amor por Cristo o sus seguidores. Las cabras son los *"malditos"* (v. 41), condenados al *"castigo eterno"* (v. 46) y sentenciados al *"fuego eterno preparado para el diablo y sus ángeles"* (v. 41).

Examinemos esta porción de la Escritura más detalladamente:

---

[70] Litfin, Duane (2012) *Palabras vs Obras* p.192-193 (Crossway Press).

<u>MATEO 25:31-46</u>: *"Cuando el Hijo del Hombre venga en su gloria, y todos los santos ángeles con él, entonces se sentará en su trono de gloria, [32]y serán reunidas delante de él todas las naciones; y apartará los unos de los otros, como aparta el pastor las ovejas de los cabritos. [33]Y pondrá las ovejas a su derecha, y los cabritos a su izquierda. [34]Entonces el Rey dirá a los de su derecha: Venid, benditos de mi Padre, heredad el reino preparado para vosotros desde la fundación del mundo. [35]Porque tuve hambre, y me diste de comer; tuve sed, y me diste de beber; fui forastero, y me recogisteis; [36]estuve desnudo, y me cubristeis; enfermo, y me visitasteis; en la cárcel, y viniste a mí. [37]Entonces los justos le responderán diciendo: Señor, ¿cuándo te vimos hambriento, y te sustentamos, sediento, y te dimos de beber? [38]¿Y cuándo te vimos forastero, y te recogimos, o desnudo, y te cubrimos? [39]¿O cuándo te vimos enfermo, o en la cárcel, y vinimos a ti? [40]Y respondiendo el Rey les dirá: de cierto os digo que en cuanto lo hiciste a uno de estos mis hermanos más pequeños, a mí lo hicisteis. [41]Entonces dirá también a los de la izquierda: Apartaos de mí, malditos, al fuego eterno preparado para el diablo y sus ángeles. [42]Porque tuve hambre, y no me diste de comer; tuve sed, y no me diste de beber; [43]fui forastero, y no me recogisteis; estuve desnudo, y no me cubristeis; enfermo, y en la cárcel, y no me visitasteis. [44]Entonces también ellos le responderán diciendo: Señor, ¿cuándo te vimos hambriento, sediento, forastero, desnudo, enfermo, o en la cárcel, y no te servimos? [45]Entonces les responderá diciendo: De cierto os digo que en cuanto no lo hicisteis a uno de estos más pequeños, tampoco a mí lo hicisteis. [46]E irán estos al castigo eterno, y los justos a la vida eterna".*

Esta porción de la Escritura es la conclusión de lo que se conoce como el Discurso del Monte de los Olivos. Este juicio de Cristo no debe confundirse con el Juicio del Gran Trono Blanco[71] mencionado en Apocalipsis 20:11-15. Así mismo, no debe confundirse con el Tribunal de Cristo, donde los creyentes son juzgados y recompensados por su obra en el Señor (1 Corintios 3:12-15).

El juicio en Mateo 25:31-46 es para aquellos que viven en el tiempo de la Segunda Venida de Jesús *"...inmediatamente después de la tribulación..."* (Mateo 24:29). Está compuesto de creyentes y no creyentes que sobrevivieron la Gran Tribulación.[72] Los sobrevivientes de la Gran Tribulación son tanto cristianos como no cristianos (i.e. ovejas o cabras —Mateo 25:32). El juicio ocurre después de la tribulación e inmediatamente antes del reinado del milenio de Jesús en la tierra.

Debemos notar adicionalmente que las dos parábolas que aparecen justamente antes del juicio en Mateo 25:31-46 son, la parábola de las 10 vírgenes y la parábola de los talentos (Mateo 25:1-30). Ambas parábolas enfatizan la distinción entre la iglesia visible y la iglesia invisible. La *iglesia visible* contiene todos los

---

[71] El Juicio del Gran Trono Blanco también puede ser descrito como el Juicio de los Condenados. Todos estos son no cristianos que serán levantados al final de los 1000 años de reinado de Cristo después de la Tribulación. Veremos en los versículos de abajo que estos individuos serán sentenciados al infierno antes del Juicio del Gran Trono Blanco.

Apocalipsis 20:4-5: *"Y vi tronos, y se sentaron sobre ellos los que recibieron la facultad de juzgar; y vi las almas de los decapitados por causa del testimonio de Jesús y por la palabra de Dios, los que no habían adorado a la bestia ni a su imagen, y que no recibieron la marca en sus frentes ni en sus manos; y vivieron y reinaron con Cristo mil años. [5]Pero los otros muertos no volvieron a vivir hasta que se cumplieron los mil años. Esta es la primera resurrección"*.

[72] Debe reconocerse que hay cristianos que son teólogos prominentes y tienen diferentes puntos de vista en el tema de la escatología (fin de los tiempos y cronología del fin de los tiempos).

templos/denominaciones y todos los que afirman ser cristianos. Este grupo incluye a muchos incrédulos, falsos creyentes, los que se engañan a sí mismos, además de creyentes verdaderos. La iglesia *invisible* (i.e. la iglesia *real*) está compuesta solamente de aquellos que son verdaderos convertidos (los redimidos). Estos son los verdaderos cristianos, que no solo sirven de labios a Cristo, sino que son siervos fieles ocupados en los negocios de su Señor.

El juicio de las ovejas y las cabras en Mateo 25:31-46 demuestra que hay muchas cabras que llamarán a Jesús *"Señor"* (v. 44); sin embargo no son verdaderos cristianos. Analice el juicio de las cabras. Ellas tratan de justificarse diciendo que ellas también *habrían* dado de comer/beber, refugio y de vestir a Jesús, si se les hubiera dado la oportunidad. ¡Si hubieran tenido la oportunidad le habrían visitado cuando estuvo enfermo o en prisión! Estas cabras son como los falsos creyentes de los cuales leemos en la parábola de las 10 vírgenes y la parábola de los talentos (Mateo 25:1-30). Los falsos creyentes dan una apariencia engañosa (aun auto-engañosa) de ser verdaderos siervos de Dios, con la excepción de que en ellos no se producen obras guiadas por el Espíritu.

> 2 Timoteo 3:13: *"mas los malos hombres y los engañadores irán de mal en peor, engañando y siendo engañados"*.

> 2 Timoteo 3:5: *"...que tendrán apariencia de piedad, pero negarán la eficacia de ella; a estos evita"*.

> 2 Corintios 11:13-15: *"Porque estos son falsos apóstoles, obreros fraudulentos, que se disfrazan como apóstoles de Cristo. Y no es maravilla, porque el mismo Satanás se disfraza como ángel de luz. Así que, no es extraño si también sus ministros se disfrazan como ministros de justicia; cuyo fin será conforme a sus obras"*.

Las ovejas (los cristianos)[73] no ganan su posición por sus buenas obras, sino por la gracia de Dios. Las buenas obras de las ovejas son una simple manifestación de que son verdaderos cristianos. Efesios 2:8-10 resume ambos conceptos de la siguiente forma:

> Efesios 2:8-10: *"Porque por gracia sois salvos por medio de la fe; y esto no de vosotros, pues es don de Dios; ⁹no por obras, para que nadie se gloríe. ¹⁰Porque somos hechura suya, creados en Cristo Jesús para buenas obras, las cuales Dios preparó de antemano para que anduviésemos en ellas".*

El creyente hace el bien por el Espíritu de Dios. Note que las ovejas (los cristianos) no llevan un registro de cuánto bien han hecho. Estos creyentes a duras penas son conscientes de sus buenas obras.

> Mateo 25:37-40: *³⁷Entonces los justos le responderán diciendo: Señor, ¿cuándo te vimos hambriento, y te sustentamos, o sediento, y te dimos de beber? ³⁸¿Y cuándo te vimos forastero, y te recogimos, o desnudo, y te cubrimos? ³⁹¿O cuándo te vimos enfermo, o en la cárcel, y vinimos a ti? ⁴⁰Y respondiendo el Rey, les dirá: De cierto os digo que en cuanto lo hicisteis a uno de estos mis hermanos* **más pequeños**, *a mí lo hicisteis.*

La respuesta de los verdaderos creyentes (i.e. las ovejas) no es un acto de falsa humildad, sino una simple manifestación de lo que significa ser guiado por el Espíritu. En el versículo 40 Jesús

---

[73] Jesús llama *ovejas* a sus discípulos en otros pasajes de la Escritura. Juan 10:26-28: *"pero vosotros no creéis, porque no sois de mis ovejas, como os he dicho. ²⁷ Mis ovejas oyen mi voz, y yo las conozco, y me siguen, ²⁸y yo les doy vida eterna; y no perecerán jamás, ni nadie las arrebatará de mi mano".* Jesús es el "Buen Pastor". Juan 10:14-16: *" Yo soy el buen pastor; y conozco mis ovejas, y las mías me conocen, ¹⁵así como el Padre me conoce, y yo conozco al Padre; y pongo mi vida por las ovejas. ¹⁶También tengo otras ovejas que no son de este redil; aquellas también debo traer, y oirán mi voz; y habrá un rebaño, y un pastor."*

dice: *"en cuanto lo hicisteis a uno de estos mis hermanos más pequeños, a mí lo hicisteis"*. En Mateo 25:40 los *"hermanos"* son los cristianos. Estos hermanos son judíos y gentiles que han puesto su fe en Cristo y han soportado la Tribulación.[74] Este punto es crucial cuando analizamos "a uno de estos mis hermanos más pequeños".

Recordemos que en Mateo 25:45 Jesús está hablando a las cabras (los inconversos/condenados) cuando son condenados por su falta de misericordia con "mis hermanos más pequeños". ¿A quién se refiere Jesús cuando habla de "mis hermanos más pequeños"? La definición de "mis hermanos más pequeños" la podemos encontrar cinco versículos antes, cuando Jesús se dirige a las ovejas (i.e. los cristianos) en el versículo 40: "Y respondiendo el Rey, les dirá: De cierto os digo que en cuanto lo hicisteis a uno de estos mis hermanos más pequeños, a mí lo hicisteis". Los "más pequeños" son los hermanos de Jesús (i.e. verdaderos cristianos). Jesús dijo que sus verdaderos hermanos, hermanas y madre son aquellos que hacen la voluntad de Dios:

Mateo 12:48-50: "Respondiendo *al que le decía esto, le dijo: ¿Quién es mi madre, y quienes son mis hermanos?* [49]*Y extendió su mano hacia sus discípulos, dijo: He aquí mi madre y mis hermanos.* [50]*Porque todo*

---

[74] Warren Wiersbe declara que el término *hermanos* se refiere exclusivamente a los judíos que crean en el evangelio durante la tribulación. Wiersbe declara lo siguiente acerca del término *hermanos*: "¿Quiénes son estas personas a las que el Rey se atreve a llamar 'mis hermanos'? Parecen ser los judíos creyentes del período de la tribulación. Estas son personas que escucharán el mensaje de los 144,000 y creerán en Jesucristo. Como estos no recibirán la 'marca de la bestia' (Apocalipsis13:16–17) no podrán comprar o vender. ¿Cómo, entonces, podrán sobrevivir? A través del amor y el cuidado de los gentiles que han creído en Cristo y cuidan de sus hermanos". Wiersbe, W. W. (1996). *Comentario Bíblico* (Mateo 25:31). Wheaton, IL: Víctor Books.

aquel que hace la voluntad de mi Padre que está en los cielos, ese es mi hermano, y hermana, y madre."

Jesús se identifica personalmente con las aflicciones de sus hijos. Cuando alguien te persigue, por la causa de Cristo, la persona está realmente persiguiendo a Jesús. Esto es ejemplificado cuando Jesús habla directamente a Saulo en el camino a Damasco cuando este iba a atacar a los creyentes.

> Hechos 9:1–6: *"Saulo, respirando aún amenazas y muerte contra los discípulos del Señor, vino al sumo sacerdote,, ²y le pidió cartas para las sinagogas de Damasco, a fin de que si hallase algunos hombres o mujeres de este camino, los trajese presos a Jerusalén. ³Mas yendo por el camino, aconteció que al llegar cerca de Damasco, repentinamente le rodeó un resplandor de luz del cielo; ⁴y cayendo en tierra, oyó una voz que le decía: Saulo, ¿por qué me persigues? ⁵El dijo: ¿Quién eres, Señor? Y le dijo: Yo soy Jesús, a quien tu persigues; dura cosa te es dar coces contra el aguijón. ⁶El, temblando y temeroso, dijo: Señor, ¿qué quieres que yo haga? Y el Señor le dijo: Levántate y entra en la ciudad, y se te dirá lo que debes hacer".*

Una correcta interpretación y aplicación de Mateo 25:31-46 no te hará popular entre los no creyentes, falsos discípulos y las multitudes del evangelismo social. Esos grupos están interesados en un evangelio que reconozca sus esfuerzos y su justicia propia.

Duane Litfin[75] resume acertadamente Mateo 25:31-46 cuando escribe:

> "Cuando Jesús habla de 'uno de estos mis hermanos más pequeños', no se refiere solamente a cualquier pobre. No hay garantía bíblica para suponer que las personas se convierten en hermanos de Jesús o en

---

[75] Dr. A. Duane Litfin sirvió como séptimo presidente en Wheaton College.

uno de estos "pequeños" porque simplemente estén hambrientos, sedientos, pobres o en prisión (vea también Mateo 12:49-50; 28:10; Hebreos 2:10-18). La Biblia tampoco enseña que estos individuos de alguna manera encarnan a Jesús en el mundo. Jesús está de seguro encarnado en el mundo... en sus seguidores (Colosenses 2:19), sus hermanos, sus discípulos, sus pequeños que creen en él, hasta 'el más pequeño de ellos...' Ampliar este concepto para incluir todo el sufrimiento humano, aunque bien intencionado, no solo pierde el punto principal de Jesús, sino que lo socava y falsifica."[76]

Un corazón convertido por Jesucristo dará como resultado buenas obras para la gloria de Cristo, no la nuestra. Esto es parte de ser un buen discípulo.

Santiago 2:17-18: *"Así también la fe, si no tiene obras, es muerta en sí misma. [18]Pero alguno dirá: Tú tienes fe y yo tengo obras. Muéstrame tu fe sin tus obras, y yo te mostraré mi fe por mis obras'"*.

El Señor Jesús es compasivo y generoso. Él se preocupa por las necesidades espirituales y físicas de la gente (Mateo 9.36).[77] El Señor trabajará a través de los suyos para ministrar a otros, no

---

[76] Litfin, Duane (2012) *Palabras vs Hechos*p.192- 193 (Crossway Press).

[77] La Biblia no aboga por dar dinero a *cualquiera* que dice ser pobre. No importa si es cristiano, o no, si está saludable y se niega a trabajar, la iglesia no tiene por qué gastar recursos sin sentido en este individuo.

   o 2 Tesalonicenses 3:10: *"Porque también cuando estábamos con vosotros, os ordenábamos esto: Si alguno no quiere trabajar, tampoco coma"*.

   o 1 Timoteo 5:8: *"porque si alguno no provee para los suyos, y mayormente para los de su casa, ha negado la fe, y es peor que un incrédulo"*.

   o Proverbios 23:21: *"Porque el bebedor y el comilón empobrecerán, y el sueño hará vestir vestidos rotos"*.

importa si los que están necesitados son creyentes o no. Esta es la gracia común de Dios para todos, la que nos guarda de la justicia inmediata en el momento que pecamos. Este concepto es reflejado en 1 Timoteo 4:10 donde dice: "...*porque esperamos en el Dios viviente, que es el Salvador de todos los hombres, mayormente de los que creen*". Esta gracia común también nos permite ser los beneficiarios de cosas buenas en esta vida, las cuales no merecemos. Los cristianos deben ser como su Padre celestial mostrando gracia, pues se les ha mostrado infinita misericordia y gracia salvadora:

Mateo 5:44-45: "*Pero yo os digo: Amad a vuestros enemigos, bendecid a los que os maldicen, haced bien a los que os aborrecen, y orad por los que os ultrajan y os persiguen; ⁴⁵para que seáis hijos de vuestro Padre que está en los cielos, que hace salir su sol sobre malos y buenos, y que hace llover sobre justos e injustos.*"

Hechos 14:16-17: "*En las edades pasadas él ha dejado a todas las gentes andar en sus propios caminos; ¹⁷si bien no se dejó a sí mismo sin testimonio, haciendo bien, dándonos lluvias del cielo y tiempos fructíferos, llenando de sustento y de alegría nuestros corazones*".

Debemos tener la misma compasión que nuestro Salvador, "*... porque él es benigno para con los ingratos y malos*". (Lucas 6:35). Estamos para hacer "*bien a todos*", pero hay un lugar muy especial para nuestros hermanos y hermanas en Cristo. Pablo enseña esto en:

Gálatas 6:10: "*...Así que, según tengamos oportunidad, hagamos bien a todos, y mayormente a los de la familia de la fe.*"

1 Corintios 12:26–27: "*De manera que si un miembro padece, todos los miembros se duelen con él, y si un miembro recibe honra, todos los miembros con él se*

gozan. ²⁷Vosotros, pues, sois el cuerpo de Cristo, y miembros cada uno en lo particular."

Juan amonesta a los cristianos a proveer para sus hermanos cristianos en necesidad:

1 Juan 3:16-17: *"En esto hemos conocido el amor, en que él puso su vida por nosotros; también nosotros debemos poner nuestras vidas por los hermanos. ¹⁷Pero el que tiene bienes de este mundo y ve a su hermano tener necesidad, y cierra contra él su corazón, ¿cómo mora el amor de Dios en él?"*

Vemos el ejemplo de Pablo enviando ayuda financiera de los cristianos en Macedonia y Acaya, a los cristianos en Jerusalén (los santos): *"Porque Macedonia y Acaya tuvieron a bien hacer una ofrenda para los pobres que hay entre los santos que están en Jerusalén".* (Romanos 15:26).

En Hechos vemos a los cristianos dando según su habilidad financiera. Ellos estaban "determinados" a socorrer a los hermanos en Judea:

Hechos 11:29: *"Entonces los discípulos, cada uno conforme a lo que tenía, determinaron enviar socorro a los hermanos que habitaban en Judea".*

El autor de Hebreos habla del gran valor de los cristianos al cuidar los unos de los otros al estar en prisión por el evangelio:

Hebreos 13:1–3: *"Permanezca el amor fraternal. ²No os olvidéis de la hospitalidad, porque por ella algunos, sin saberlo, hospedaron ángeles. ³Acordaos de los presos, como si estuvierais presos juntamente con ellos; y de los maltratados, como que también vosotros mismos estáis en el cuerpo".*

Pablo también menciona el gran valor del cuidado cristiano cuando él estaba en prisión:

2 Timoteo 1:16-18: *"Tenga el Señor misericordia de la casa de Onesíforo, porque muchas veces me confortó, y no se avergonzó de mis cadenas, [18]sino que cuando estuvo en Roma, me buscó solícitamente y me halló. [18]Concédale el Señor que halle misericordia cerca del Señor en aquel día. Y cuánto nos ayudó en Éfeso, tú lo sabes mejor"*.

Debemos examinar la lista de las causas, de las cuales muchos en la falsa comisión o izquierda religiosa, afirman ser celosos defensores. La lista de algunos de estos grupos incluyen cuestiones tales como: el hambre, los huérfanos, el cambio climático, el tráfico de personas, la igualdad económica, la justicia social, derechos homosexuales, derechos migratorios e, incluso, derechos con respecto al aborto. Hay una causa que frecuentemente está al final de la lista (si es que es mencionada) —*la persecución de nuestros hermanos cristianos por predicar el evangelio.* La causa de los "derechos humanos cristianos" no atrae a los grandes contribuyentes corporativos y a las organizaciones seculares a brindar ayuda. Los verdaderos cristianos deben ser campeones brindando cuidado y mostrando interés a todos pero *"mayormente a los de la familia de la fe"* (Gálatas 6:10).

En resumen, ni Mateo 25:32-46, u otra porción de la Escritura, sustenta la visión de que una persona puede ganar su propia justicia. Uno no obtiene o gana la salvación por sufrir maltrato físico, o involucrarse en actos para aliviar a otros que lo estén sufriendo. Ayudar al bienestar físico de alguien no es espiritualmente superior a predicar el evangelio de Cristo a esa persona. Afirmar que esto es así significa rechazar el ejemplo de Jesús y lleva a la práctica de la falsa comisión. Jesús expresa claramente que él vino a predicar el evangelio y a pagar el sacrificio por nuestros pecados, en la cruz.

Lucas 4:43–44: *"Pero él les dijo: Es necesario que también a otras ciudades anuncie el evangelio del reino de Dios; porque para esto he sido enviado. [44]Y predicaba en las sinagogas de Galilea".*

1 Juan 3:5: *"Y sabéis que él apareció para quitar nuestros pecados, y no hay pecado en él".*

CAPÍTULO 6

¿QUÉ ES LA GRAN COMISIÓN?

"Y Jesús vino y les habló diciendo: toda autoridad me ha sido dada, en el cielo y en la tierra. [19]Por tanto id, y haced discípulos a todas las naciones, bautizándoles en el nombre del Padre, y del Hijo, y del Espíritu Santo, [20]enseñándoles a guardar todo lo que yo os he mandado, y he aquí, yo estoy con vosotros todos los días, hasta el fin del mundo". (Mateo 28:18-20).

"Por tanto, para aquel que sabe hacer lo bueno, y no lo hace, le es pecado". (Santiago 4:17).

AL pasaje de Mateo 28:18-20 se le llama comúnmente La Gran Comisión. La Gran Comisión es frecuentemente predicada desde el púlpito, pero muy descuidada en la práctica. Como se ha mencionado anteriormente, esto ocurre por varias razones, tales como estar entrenado inadecuadamente, hasta el peor de los escenarios, que es sin duda, no ser cristiano, en primer lugar. Debemos tomar en serio las palabras del aristócrata inglés C.T. Studd (1860-1931), el cual se despojó de sus riquezas y dio su vida para difundir el evangelio a las naciones. Al finalizar su vida dijo:

"¡Demasiado tiempo ha pasado esperándonos los unos a los otros para empezar! ¡Ya pasó el tiempo de esperar! ... ¿Es que hombres como nosotros debemos temer? ...ante este mundo cristiano adormecido, indiferente, escéptico y trivial nos atreveremos a confiar en nuestro Dios... Preferimos morir mil veces confiando solo en nuestro Dios, que vivir confiando en el hombre. Y cuando llegamos a ese punto, la batalla ganada está, y el fin de la gloriosa campaña a la vista. Tendremos la real santidad de Dios, no la enervante letanía de palabras vacías e ideas elaboradas; tendremos la viril santidad, la de fe valerosa y obras por Jesucristo".[78]

Examinemos la Gran Comisión, expuesta en Mateo 28:18-20 verso por verso, como aparece a continuación:

Mateo 28:18
"Y Jesús vino a ellos y les habló diciendo: Toda autoridad me ha sido dada, en el cielo como en la tierra.'"

¡Escuchemos la infinita magnitud de esta afirmación! Esta es una afirmación que nadie que no sea Dios Todopoderoso puede hacerla: *"Toda autoridad me ha sido dada en los cielos y en la tierra"*. Esto, o se cree completamente, o no se cree en lo absoluto. Este pronunciamiento de supremo poder y autoridad es presentado inmediatamente antes que él nos ordene *"haced discípulos a todas las naciones..."* El hecho de que él posee el control supremo y completo de todas las cosas debe aniquilar

---

[78] Grubb, Norman, 2001; *C.T. Studd: Cricketer and Pioneer,* p. 120-121 (CLC Publications).

cualesquiera que sean los temores o reservas que tenemos acerca de ir y *"haced discípulos a todas las naciones..."*

Cuando Jesús habla de *"toda autoridad"* está dejando claro que, como Dios, él controla todo lo creado, y todas las cosas están sujetas a su juicio. Su poder incluye toda autoridad para remisión de pecado y otorgar la vida eterna... así como toda autoridad para condenar a la perdición eterna. Examine las siguientes verdades relacionadas con Cristo:

1. Jesús es el creador de todo cuanto existe:

    -   Colosenses 1:16: *"Pues en él todas las cosas fueron creadas, tanto en los cielos como en la tierra, visibles e invisibles, tanto tronos como potestades, o gobernadores o autoridades —todas las cosas han sido creadas por él y para él".*

2. Jesús es el Juez de todo cuanto existe:

    -   Juan 5:22: *"Porque el Padre a nadie juzga, sino que él ha dado todo juicio al Hijo..."*

3. Jesús tiene toda autoridad para perdonar pecados:

    -   Mateo 9:6: *"Pero para que conozcáis que el Hijo del Hombre tiene autoridad en la tierra para perdón de pecados".*

4. Jesús es la resurrección, teniendo toda autoridad para dar vida eterna:

    -   Juan 11:25: *"Jesús le dijo: Yo soy la resurrección y la vida, el que cree en mí, aunque esté muerto, vivirá."'*

- Juan 6:40: *"Porque esta es la voluntad de mi Padre, que todo aquel que vea al Hijo y en él crea, tenga vida eterna, y yo le resucitaré en el día postrero".*

5. **Jesús tiene toda autoridad para condenar al infierno:**

   - Apocalipsis 20:12-15: *"y vi los muertos, grandes y pequeños, de pie delante del trono, y los libros fueron abiertos, y también otro libro, el cual es el libro de la vida, y he aquí los muertos fueron juzgados de acuerdo a las cosas que estaban escritas en los libros, de acuerdo a sus obras. [13]Y el mar dio a los muertos que estaban en su seno, y la muerte y el Hades dieron a los muertos que estaban en ellos, y fueron juzgados, cada uno de ellos de acuerdo a sus obras. [14]Luego la muerte y el Hades fueron arrojadas en el lago de fuego. Esta es la segunda muerte, el lago de fuego, [15]y todo aquel, cuyo nombre no estaba escrito en el libro de la vida, fue arrojado en el lago de fuego".*

   - Mateo 25:31-32, 41: *"Pero cuando el Hijo del Hombre venga en su gloria, y todos los ángeles con él, se sentará en su glorioso trono. [32]Todas las naciones serán reunidas delante de él, y él separará unos de otros, de la manera que el pastor separa las ovejas de las cabras ... (v. 41) Luego, dirá a aquellos a su izquierda: Apartaos de mí, malditos, al fuego eterno que ha sido preparado para el diablo y sus ángeles..."'*

Nuestro Señor nos ha dicho con antelación que nos está enviando como ovejas indefensas en medio de lobos rapaces, cuya naturaleza es la de atacarnos. No obstante, el Señor tiene un control tan supremo, que nos dice que no estemos preocupados o atemorizados de que se nos haga violencia, se nos aborrezca, seamos rechazados por la familia, echados a la cárcel, golpeados, o incluso muertos (e.g. Mateo 10:25, 21-22, 17-19, 28).

Mateo 10:16–39: *"He aquí os envío como ovejas en medio de lobos, sed pues prudentes como serpientes y sencillos como palomas. [17]Y guardaos de los hombres, porque os entregarán a los concilios y en sus sinagogas os azotarán; [18]y aun ante gobernadores y reyes seréis llevados, por causa de mí, para testimonio a ellos y a los gentiles. [19]Mas cuando os entreguen, no os preocupéis, por cómo o qué hablaréis, porque en aquella hora os será dado lo que habéis de hablar. [20]Porque no sois vosotros los que habláis, sino el Espíritu de vuestro Padre que habla en vosotros. [21]El hermano entregará a muerte al hermano, y el padre al hijo y el hijo al padre, y los harán morir. [22]Y seréis aborrecidos de todos por causa de mi nombre, mas el que perseverare hasta el fin, ese será salvo. [23]Cuando os persigan en esta ciudad, huid a la otra, porque de cierto os digo, que no acabaréis de recorrer todas las ciudades de Israel, antes que venga el Hijo del Hombre. [24]El discípulo no es más que su maestro, ni el siervo más que su señor. [25]Bástale al discípulo ser como su maestro, y al siervo como su señor. Si al padre de familia llamaron Belcebú, ¿cuánto más a los de su casa? [26]Así que, no los temáis, porque no hay nada encubierto que no haya de ser manifestado, ni oculto que no haya de saberse. [27]Lo que os digo en tinieblas, decidlo en la luz, y lo que oís al oído, proclamadlo desde las azoteas. [28]No temáis a aquellos que matan el cuerpo, pero el alma no pueden matar; sino temed a aquel que puede arrojar alma y cuerpo en el infierno. [29]¿No se venden dos pajarillos por un cuarto? Con todo, ninguno de ellos cae a tierra sin vuestro Padre. [30]Pues aun vuestros cabellos están todos contados. [31]Así que no temáis, más valéis vosotros que muchos pajarillos. [32]A cualquiera pues, que me confiese delante de los hombres, yo también le confesaré delante de mi Padre que está en los cielos. [33]Y a cualquiera que me niegue delante de los hombres, yo también le negaré delante de mi Padre que está en los cielos. [34]No penséis que he venido a traer paz a la tierra, no he venido a traer paz, sino espada. [35]Porque he venido para poner en disensión al hombre contra su padre, a la hija contra su madre, y a la nuera contra su suegra; [36]y los enemigos del hombre serán los de su casa. [37]El que ama a su padre o a su madre más que a mí, no es digno de mí, y el que ama a hijo o a hija más que a mí, no es digno de mí. [38]Y el que no toma su cruz, y sigue en pos de mí, no es digno de mí. [39]El que halla su vida, la perderá, y el que pierde su vida por causa de mí, la hallara".*

La realidad es que muchos de los evangélicos estadounidenses parecen valientes, cuando hablan acerca de   *ponerse en la brecha por Cristo*, pero se acobardan cuando son confrontados por el alto costo de permanecer en pie para Él. Fui testigo de cómo una iglesia terminó un proyecto misionero muy fructífero hecho por los jóvenes en un área de alto *riesgo*, aun cuando tanto los jóvenes como sus padres estaban plenamente conscientes de los riesgos y los asumieron. La iglesia   dijo que quería asegurarse de que ningún joven saliera herido, y más que otra cosa, asegurarse de que no hubiera posibilidad de que la iglesia fuera demandada. ¿Demandada? ¿Propiedades perdidas, o alcanzar a los perdidos? La decisión puede haber tenido sentido mirándola desde el punto de vista de una corporación que busca proteger sus intereses, pero no es ni el punto de vista de la Biblia, ni el mandato de Jesús. Cristo no nos llama a la auto-conservación o a la protección de los bienes terrenales por encima del llamado al verdadero discipulado y a alcanzar a los que se pierden: *"Porque todo aquel que quiera salvar su vida, la perderá, pero todo aquel que pierda su vida por mí, la ganará"* (Mateo 16:25). *"Por tanto, ninguno de vosotros que no dé todas sus riquezas, puede ser mi discípulo".* (Lucas 14:33). Un par de semanas después, durante el servicio del Domingo, la misma iglesia entonó un cántico de alabanza acerca de su inquebrantable devoción a Cristo, que contenía las siguientes palabras: *"Si esta vida pierdo, yo te seguiré".*[79] Obviamente, para muchos es muy fácil cantar acerca de su lealtad a Cristo dentro de la seguridad de las paredes de la iglesia, que *vivirla* dentro de un mundo hostil. Debemos animarnos los unos a los otros, para vivir de acuerdo a lo que dice la palabra, y no los parámetros de la sociedad.

> Hebreos 10:34: *"Porque de los presos también os compadecisteis, y el despojo de vuestros bienes sufristeis con gozo, sabiendo que tenéis en vosotros una mejor y perdurable herencia en los cielos".*

El punto de vista inexpresado en una gran parte de la iglesia es que "Estoy más que dispuesto a enviar un cheque para ser usado en el campo misionero, pero no estoy dispuesto a que Cristo me envíe a mí". Esto es trágico, y una negación de la fe. Casi puedo oír el desdén de muchos por la frase anterior (i.e. que es una *negación de la fe*). Los ofendidos te dirán orgullosamente cómo han permanecido firmes por la fe, inmediatamente comenzarán a recitar pronunciamientos ortodoxos que dicen creer. No se dan cuenta de que *"...el reino de Dios consiste, no en palabras, sino en poder".* (1 Corintios 4:20). Ellos también pasan por alto que los demonios *llenos de temor* también creen en pronunciamientos ortodoxos de la fe... solo que *no los obedecen.*

> Santiago 2:19-20: *"Creéis que Dios es uno. Y bien hacéis, pues los demonios también creen y tiemblan.*

---

[79] *Yo te seguiré,* por Chris Tomlin.

[20]*¿Pero estás dispuesto a reconocer, insensato de ti, que la fe sin obras es muerta?"*

Son muchos los que se sienten satisfechos en levantar las manos durante la adoración, o sacar su libreta o cuaderno de notas durante el sermón, pero no están dispuestos a obedecer los mandamientos de Cristo. ¿Por qué se sienten cómodos de esta manera? La respuesta es simple: Este es el modo de comportamiento aceptable en una gran parte de la iglesia moderna. Esto puede que sea aceptable para la a membresía de la iglesia y liderazgo, pero no es el cristianismo que Jesús presentó cuando dijo: *"Si me amáis, guardad mis mandamientos"*. (Juan 14:15).

Yo he estado vinculado al evangelismo por más de 40 años, y es mi esperanza que algunos pudieran aprender de mis experiencias. Específicamente, creo que hay dos lecciones a tener en mente a la hora de adentrarnos en el evangelismo genuino:

La primera lección: No te sorprendas con la ferocidad de la oposición que enfrentarás a la hora de adentrarte en el evangelismo verdadero. Los ataques van a provenir, tanto de adentro como desde afuera de la iglesia visible. Los ataques más desalentadores vendrán de parte de aquellos que están dentro de la iglesia. Algunas veces serán de falsos hermanos (cf. Gálatas 2:4). No te desanimes. Recuerda que el Señor nos dio a Judas como el ejemplo de el falso operativo (con gran camuflaje) dentro de los elegidos. En otras ocasiones puede que sean hermanos o hermanas espiritualmente inmaduras o en pecado los que encabecen los ataques. Es necesario que los perdones a todos y sigas adelante. No le des lugar al diablo siendo arrogante, o permitiendo raíces de amargura. Recuerda que todos nos lamentamos de algunas de nuestras propias opiniones, decisiones o acciones no escriturales y carnales que han estorbado al evangelio.

Es importante que las críticas y calumnias de otros no te desvíen. El mismo Pablo experimentó el llamado que Dios le hacía al servicio efectivo mientras enfrentaba simultáneamente una fuerte oposición por parte de otros : *"...Porque una puerta ancha para el servicio efectivo se me ha abierto, y muchos son los adversarios..."* (1 Corintios 16:9). Es preciso que entiendas que, en la mayoría de los casos, nunca podrás satisfacer a tus detractores, aun tratando de razonar con ellos, o de responder a todas las cosas que *les preocupan*. Se transforma en el juego de nunca acabar; si respondes bien a una de sus preguntas, el premio que obtienes son dos nuevas *preocupaciones* que te exigen que expliques.

Un líder de una iglesia le dijo a un evangelista que no se dedicara a hacer evangelismo puerta a puerta, porque esto no era efectivo. (Estoy convencido que es más efectivo que estar sentado en casa mirando la televisión). Estos tipos de excusas tienen una apariencia de sabiduría, pero ocultan bajo la superficie problemas más serios con los que todos tenemos que lidiar. Yo le haría a este hombre la siguiente pregunta: "Y si es tan inefectivo como usted dice, ¿por qué todo el que se postula para un cargo (da lo mismo que se postule para presidente o para encargarse de los perros callejeros), cree que las campañas que se hacen de casa en casa son fundamentales para una estrategia de elección?" Lo cierto es que el evangelismo de puerta a puerta nos pone en contacto con personas que puede nunca vengan al templo donde te congregas. Cuando llegas a la puerta de la casa de alguien, la persona que te recibe se siente cómoda y en control del lugar. Si no tiene interés en hablar contigo, te pedirá que te marches. Por otro lado, muchos agradecerán que te preocupaste lo suficiente para venir a visitarles. Especialmente, cuando no luces como un tipo extraño, de camisa blanca y corbata negra, como si hubieses sido clonado con uno de los personajes de un filme de ciencia ficción de los años 50.

Durante un período de dos semanas en el verano de 2014 experimenté hacer evangelismo puerta a puerta en mi comunidad, y evangelismo choza por choza en una zona de la jungla de África. El Señor fue bueno. A pesar de tener entornos, culturas y situaciones socioeconómicas muy distintas, muchas personas de las que visitamos nos dieron una cálida acogida, y pudimos compartir el evangelio de manera efectiva.[80] Mi punto es, no pases mucho tiempo preocupándote por las quejas de otros, cuando estás tratando de alcanzar a otras personas para Cristo. Si a una persona *no le interesa* ponerse en una situación incómoda para evangelizar, vas a perder tu tiempo tratando de convencerla de que lo haga, y además, harás que se amargue contra ti. Se amable, y sigue enfocado en el llamado que te ha sido hecho (Mateo 28:19-20).[81] Recuerda, al final estás sirviendo y respondiendo a un público de UNO solo... el Señor. A pesar de la decepción, el desánimo y la soledad, no dejes que se turbe tu corazón. Hay una gran paz que el Espíritu Santo da a aquellos que son obedientes a la voluntad de Dios: *"¿No os he mandado yo? ¡Sé fuerte y valiente! No temas ni desmayes, porque el Señor tu Dios estará contigo dondequiera que vayas."* (Josué 1:9).

Cierta vez un hombre contaba la historia acerca de un joven cristiano que estaba afanado evangelizando su comunidad. El joven compartía con otros, con respeto, acerca del juicio venidero, el infierno, y el arrepentimiento, así como de la resurrección de Cristo y su sacrificio en la cruz del calvario como pago por nuestros pecados. Esto no le gustó mucho a un anciano de la iglesia, que era orgulloso, el cual le expresó al joven que su "mensaje negativo y falto de amor" acerca del infierno, y el decirle a la gente que eran pecadores le daba a la iglesia un "mal nombre." Prosiguió diciéndole al joven: "Si lo que quieres es de

---

[80] En algunas ocasiones, en África, los niños más pequeños se aterrorizaron cuando tratamos de ir a sus casas. Sus padres se reían cuando nos decían que el niño nunca antes había visto a un *muzungu* (persona blanca). Luego nos invitaban a pasar, nos sentábamos, y hablábamos de las cosas de Dios. Muchas veces, ya al marcharnos, nos decían que éramos "muy bienvenidos" a regresar cuando quisiésemos. Recuerda, el evangelio no tiene fronteras.

[81] Nehemías 6:2-4: *"...entonces Sanbalat y Gesem me enviaron un mensaje diciendo , "ven, encontrémonos en Chephirim, en el campo de Ono". Pero estaban planeando hacerme mal. ³Así que les envié mensajeros diciendo, "estoy haciendo un trabajo importante y no puedo ir. ¿Por qué debo parar y dejarlo, y descender a vosotros?" ⁴Ellos me enviaron mensajes cuatro veces de esta manera, y les respondí de la misma forma".*

veras decirle algo a alguien, entonces, que eso sea que hay una vida maravillosa y feliz que les espera, si tan solo le piden a Jesús que entre en sus corazones... y luego, déjalo hasta ahí!" El anciano de la iglesia se dio cuenta de que nada que dijese podía persuadir al joven. Enojado, agitó su dedo amenazadoramente y le dijo: "¡Mensajes como el tuyo hacen retroceder el evangelismo en esta comunidad diez años!" Luego, el anciano se dio cuenta que había dado a entender su punto finalmente. El joven dejó caer su cabeza con tristeza y dijo: "Siento mucho oír eso —mi esperanza era hacerlo retroceder a como era hace 2000 años atrás".

J. C. Ryle se dirigió al problema de los que se quejan en la iglesia cuando aseveró:

"El espíritu de estos buscadores de defectos de mente estrecha es, lamentablemente, hallado muy frecuentemente. Sucesores y seguidores de tales personas se encuentran en todas las partes de la iglesia visible de Cristo. Nunca faltan las personas que se escandalizan por lo que llaman "extremos radicales" en la religión y están incesantemente recomendando lo que denominan "moderación" en el servicio a Cristo. Si hay alguien que dedica tiempo, dinero y amor en la búsqueda de cosas de este mundo, no lo critican. Si la persona se entrega en cuerpo y alma al servicio del dinero, los placeres o la política no encuentran ningún mal en ello. Pero, si la misma persona se dedica a sí mismo y todo lo que tiene a Cristo, no escatiman palabras para expresar el sentido de tal desatino. 'No sabe lo que hace'. 'Está fuera de sus cabales', 'Es un fanático', 'Es un iluso', 'Es demasiado correcto', 'Es un extremista', en fin, lo consideran como alguien 'echado a perder'. Que apelativos tales no nos molesten, si son las cosas que nos llaman, porque luchamos por seguir a Cristo.

Soportémoslos con paciencia, y recordemos que son tan antiguos como el mismo cristianismo, Compadezcamos a aquellos que lanzan estas acusaciones contra los creyentes. Muestran claramente que no tienen ni el más mínimo sentido de obligación hacia Cristo. El corazón frío hace a la mano lenta. Una vez que una persona tiene convicción de la pecaminosidad del pecado y toma conciencia de la misericordia de Cristo al morir por nosotros, nunca verá nada como demasiado costoso o demasiado bueno para ofrecerlo a Cristo. Lejos de sentir tal cosa, su sentir será: "¿Qué puedo yo hacer para pagar por toda la bondad del Señor hacia mí?" (Salmo 116:12). Tales personas temerán el estar malgastando su tiempo, talentos, dinero, amor, en las cosas de este mundo. No tendrán temor en gastarlas en el Salvador. Temerán, irse a los extremos en los negocios, el dinero, la política o el ocio, pero nunca temerán haber hecho demasiado por Cristo".[82]

La segunda lección a aprender es que, en el fondo, la mayoría de aquellos que están en los bancos de la iglesia, realmente no quieren saber nada de sufrir o ser perseguidos por amor al evangelio. Para evitar tal persecución renuncian al mandato claro con respecto al evangelismo y el discipulado, y crean su propia versión del evangelismo seguro y amigable para el que lo practica. La excusa, llamada el *evangelismo amistoso* es la técnica favorita para la mayoría de los cristianos que no están entrenados, temerosos, inmaduros o simplemente, aquellos que son falsos cristianos dentro de la iglesia. *El evangelismo amistoso*, en su forma más simple, significa que te comportes muy agradable con alguien, para que, con el tiempo, esa persona confíe en ti y le caigas bien. Luego de tener la atención de esa persona, *algún día* en un futuro [suponiendo, en el mejor de los casos, antes que algunos de los dos muera, se mude, o decidan romper con la

---

[82] Ryle, J. C. (1993). *Marcos*. Comentarios Clásicos Crossway (pp. 220–221). Wheaton, IL: Crossway Books.

amistad] tú le habrás dejado tan profunda impresión a esa persona, que un día te preguntará por qué eres tan *agradable y feliz*. Entonces, le dirás que es porque eres cristiano, y en ese punto, puedes invitarle a la iglesia o decirle que él también puede ser *igual de feliz* si le *pide a Jesús que entre en su corazón*.

Obviamente hay un sinnúmero de variantes en el evangelismo amistoso, pero la técnica permanece invariable. Estoy guardando la verdad del evangelio hasta que alguien quede tan impresionado *conmigo que me haya ganado el derecho y el respeto de que me escuche*. Pido, por favor, que no se me malentienda. Obviamente, las Escrituras nos enseñan que todos los creyentes han de vivir vidas agradables a Dios ante los incrédulos, pero una vida agradable a Dios ha de ser vivida producto del amor que tenemos por Cristo, y no para escapar de la responsabilidad que tenemos de hablar a otros la verdad del evangelio. Además, es Dios el que abre sus ojos para que sean salvos. Si lo que hago es simplemente ganar a otro para que viva conforme a mi estilo de vida, he hecho a tal persona un discípulo mío, y no de Cristo. Y lo que es aún peor, la persona pensará que ha probado el cristianismo, cuando ni siquiera se llegó a convertir. Otra vez, la verdad sigue siendo que Dios ha elegido proclamar su mensaje a través de la *"locura de la predicación."*

> **1 Corintios 1:21:** *"Pues ya que en la sabiduría de Dios, el mundo no conoció a Dios mediante la sabiduría, agradó a Dios salvar a los creyentes por la locura de la predicación".*

> **Romanos 10:13–15:** *"...Porque todo aquel que invocare el nombre del Señor será salvo. ¹⁴¿Cómo pues, invocarán a aquel en el cual no han creído? ¿Y cómo creerán en aquel de quien no han oído? ¿Y cómo oirán sin haber quien les predique? ¹⁵¿Y cómo predicarán si no fueren enviados? Como está escrito: ¡Cuán hermosos son los pies de los que anuncian la paz, de los que anuncian las buenas!"*

El verdadero evangelio le informa al amigo, enemigo, miembro de la familia, o al extraño que acabas de conocer, que es un pecador por el cual el infierno espera, a no ser que se arrepienta y crea en el sacrificio expiatorio de Cristo en la cruz como la única vía por la cual él o ella pueden ser perdonados. Entiende que cuando haces esto (por medio de la conversación, tratado evangelístico, etc.), algunos de los del *evangelismo amistoso* te etiquetarán por ser del tipo de persona que *espanta a la gente* siendo *falto de amor*. Ellos tienen este punto de vista porque lo que más les importa, al final, es su imagen delante del ojo público, y no como lucen delante de los ojos de Cristo.

Tengo un amigo que es misionero de grupos inconversos en América del Sur. Recientemente lo enviaron a otro país para evaluar el avance de un misionero en particular. Mi amigo observó que el misionero que estaba visitando periódicamente construía cosas, o se involucraba en proyectos a pequeña escala para algunas personas que vivían en su área. Pero había una cosa que siempre estaba ausente —presentar el verdadero evangelio. Las personas se quedaban pensando que el "tipo de la misión" era agradable, y nada más. Un día mi amigo estaba en un hogar donde el misionero al que visitaba estaba haciendo una reparación, y finalmente le pregunto: "¿Cuándo vas a hablarles acerca de Cristo por fin?" El misionero le respondió que estaba "enfocándose en fortalecer relaciones humanas". Exasperado, mi amigo le dijo: "¡Pero es que llevas haciendo esto mismo por 20 años! Si no predicas, entonces lo voy a hacer yo". A continuación comenzó a compartir con la familia acerca de Cristo. También me dijo que el "autodenominado misionero" se había ofendido por su predicación improvisada a la familia. También me contó que, a lo largo de los años, se ha tropezado con muchos "misioneros ocupacionales". Mi amigo usa este término para describir a aquellos que viven en otra nación, perciben un buen financiamiento enviado desde los Estados Unidos, llevan a cabo alguna labor de impacto social en el vecindario donde residen, y solo raramente, o acaso nunca, predican el evangelio fuera de las paredes de un templo.[83]

---

[83]Los comentarios de mi amigo no deben ser pasados por alto. La presentación de unas pocas fotos y un par de buenas historias no es suficiente auditoría para el trabajo de un misionero. Igualmente, números de miembros en la iglesia puede que tampoco cuenten la historia. Mi amigo ha confrontado a otros *misioneros,* los cuales han manipulado a personas que ayudan, contando historias que les han sucedido "en el campo misionero", las cuales eran, realmente, historias de mi amigo. Lo que es triste es que el *"misionero"* plagió la historia de un evento misionero, con el que nada había tenido que ver, para impresionar a los que lo apoyaban financieramente.

A la hora de ver a quien apoyar, y a qué nivel, escucha el corazón del misionero, haz las preguntas difíciles y ora. Pregúntale a la persona si tiene salidas evangelísticas estipuladas o planificadas. ¿Cuál es la agenda de trabajo o el plan de trabajo semanal típico del misionero (domingo a sábado)? ¿Con qué frecuencia predica los fines de semana? ¿Está el misionero discipulando activamente a otros cristianos? ¿Cuántos estudios bíblicos enseña durante la semana? ¿Qué hace como parte de sus devociones diarias y estudios personales? Pídele al misionero que haga de cuenta que tú eres un no creyente, y luego pídele que te presente el evangelio. Los misioneros que apoyas deben estar muy preocupados por la condición perdida de aquellos que están alrededor suyo. Ellos deben poseer un récord perfectamente constatable de cómo compartían el evangelio en el lugar donde vivían antes de ser enviados a otro lugar. Asegúrate de que tu misionero no llame "difundir el evangelio" a involucrarse en la *falsa comisión.*

Una última cuestión: Pregunta cuánto apoyo recibe de otras iglesias e individuos cada mes, y cómo distribuye el presupuesto. En algunas situaciones puede que te sorprendas de la abundancia de finanzas que llegan cada mes. Un misionero me contaba acerca de otro misionero que él conoce, que tiene dos casas en la ciudad donde está ubicada la misión. Una de las casas es una casa común y corriente, agradable, pero nada del otro mundo. La segunda es una mansión lujosa con una piscina y sauna. Él me contaba cómo este misionero engaña a aquellos donantes que le visitan. Cuando le visitan, el misionero vive en la casa modesta, y no cuenta acerca de la mansión lujosa y sofisticada. Una vez que se marchan los visitantes, se muda a la rica casa. No hay ningún problema con tener una casa cómoda —el problema es engañar pretendiendo carecer de apoyo y fingir sacrificio. Es muy poco probable que sus donantes estén interesados en financiar un estilo de vida lujosos —y esto, por supuesto, no pasa desapercibido al misionero.

La palabra de Dios no me enseña que tengo que retener el evangelio y no compartirlo con los demás, hasta no haber probado que soy sabio, inteligente, simpático o confiable, de modo que me *gane el derecho de poderles hablar*. Se nos manda ir y decir la verdad de Dios, en amor, por el poder del Espíritu Santo, y dejar el resultado en las manos de Dios. El mensaje salvador de la Cruz descansa en los méritos de Cristo. D. Martin Lloyd-Jones dijo:

> "El evangelismo debe comenzar con la santidad de Dios, la pecaminosidad del hombre, lo que exige la ley, y las consecuencias eternas de la maldad".[84]

He tenido muchas conversaciones profundas acerca del evangelio con absolutos desconocidos. Si simplemente hablas con ellos, te percatas de que la gente está muy preocupada con lo que sucederá después de la muerte. Quizás luchas con acercarte y

---

No dejes que la "culpabilidad americana" te impida preguntar. Por "culpabilidad americana" quiero decir el punto de vista en el cual, por el hecho de que trabajas duro y tienes un estilo de vida confortable, no te puedes atrever a preguntar tales cosas, ¡a esta persona que ha renunciado a tanto para estar en el campo misionero! Es cierto que *muchos* misioneros han dejado atrás todas las cosas para servir a Dios de una manera fiel, pero algunos no lo han hecho. Los misioneros falsos están usando el campo misionero para vivir en una nación extranjera y, de esa forma, eludir la responsabilidad y la rendición de cuentas. De la misma manera que un empleador no le pagaría a empleados que no producen, no he de dar dinero para la "extensión del evangelio" a aquellos que tienen poco interés en hacer el trabajo. Solo por llamarte a ti mismo "misionero" no te transformas en uno. La realidad es que *el dar sin pedir cuentas, le quita dinero a los verdaderos misioneros*.

Los verdaderos misioneros se merecen nuestro apoyo, y como un anciano temeroso de Dios deberían ser *"...Considerados dignos de doble honor, especialmente aquellos que trabajan duramente en enseñar y predicar. Porque la Escritura dice: No pondrás bozal al buey que trilla, y el obrero es digno de su trabajo".* (1 Timoteo 5:17-18). Estos misioneros excelentes, que trabajan exhaustivamente predicando el evangelio, genuinamente enfrascados en la Gran Comisión, deben ser magníficamente animados y *"Haréis bien en encaminarlos como es digno de su servicio a Dios".* (3 Juan 6).

[84] Lloyd-Jones, Martin. *"Estudios sobre el Sermón del Monte"*

hablar con las personas. Si es este tu caso, entonces reparte tratados de alta calidad que expliquen el evangelio con exactitud. Dale un tratado al dependiente, a la persona que expide los paquetes, o al guardia de seguridad que está en el punto de control, dondequiera que vayas. Luego de hacerlo, te preguntarás por qué no aprovechaste estas oportunidades en el pasado.

Un tratado que he encontrado que es bien recibido es el "marcador de paginas" que creamos. En tan solo unos pocos años, miles han sido impresos y usados de manera efectiva en los Estados Unidos y en otras naciones tales como Uganda, México, Guatemala, Jamaica, Colombia y Brasil. Son marcadores de alta calidad que presentan el evangelio *con exactitud.* Puedes examinar los marcadores y recibir 25 de ellos de manera gratuita en nuestro sitio web —en idioma inglés, español, portugués, árabe, indio, chino (mandarín), ruso, ucraniano, tagalo (filipino), japonés, khmer (camboyano) y chequear por los otros idiomas que serán añadidos. Si el idioma que necesitas no está disponible, háznoslo saber y trataremos de enviártelos en el idioma que necesitas. Podemos, además, arreglar (libre de costo) grandes cantidades para viajes misioneros. ¡Aquí está el código QR que puede ser escaneado para recibir tus marcadores gratis!

O ir directo a la página:

http://CrossCenteredMissions.org/evangelismresources/gospelbookmark/

Resumiendo, mantengamos una perspectiva correcta entre el temor al hombre y el temor de Dios. Pablo entendió esto: *"Por tanto, conociendo el temor del Señor, persuadimos al hombre..."* (2 Corintios 5:11). Percatémonos que llegará el día, cuando toda la humanidad tendrá solo temor santo del Dios vivo, y se inclinarán delante de su majestad y autoridad.

Filipenses 2:9-11: *"Por lo cual también Dios le exaltó hasta lo sumo, y le dio un nombre que es sobre todo nombre. ¹⁰Para que en el nombre de Jesús se doble toda rodilla de los que están en el cielo y en la tierra, y debajo de la tierra; ¹¹y toda lengua confiese que Jesús es el Señor, para gloria de Dios Padre".*

La enseñanza que hemos de tomar de Mateo 28:18 es que nuestro Señor está en completo control de TODAS LAS COSAS. Él tiene ABSOLUTA AUTORIDAD, no hay necesidad de que temamos al hombre cuando salgamos a predicar el evangelio. Isaías 2:22: *"Dejaos del hombre, cuyo aliento está en su nariz; porque ¿de qué es él estimado?"*

John Piper escribe en su libro *No desperdicies tu vida*, una sección de lo que debe ser nuestra visión acerca del riesgo y el peligro en el servicio a Dios. Él señala que el riesgo incluye una pérdida potencial de dinero, reputación, salud, vida y posiblemente *poner en riesgo la vida de otros* (p. 79). Piper prosigue diciendo:

"¿Por qué es que existe tal cosa como el riesgo? Pues, por la misma razón que existe algo llamado ignorancia. Si no hubiese ignorancia, el riesgo no existiría. Esto es posible porque no sabemos cómo van a resultar las cosas al final. ¡Esto significa que Dios no puede correr riesgos! El conoce el resultado de todas sus decisiones, aun antes de que sucedan... pero con nosotros no sucede así. No somos Dios. Somos ignorantes. No sabemos qué va a pasar mañana. Él no nos dice detalladamente qué es lo que va a hacer mañana, o de aquí a cinco años. Evidentemente, Dios quiere que nosotros vivamos y actuemos en ignorancia e incertidumbre acerca del resultado de nuestras acciones... Por tanto, el riesgo se encuentra entretejido dentro del lienzo de nuestras vidas finitas. No podemos evitar el riesgo, aun si quisiéramos hacerlo. Ignorancia e incertidumbre con respecto al mañana son tan comunes para nosotros como el aire que respiramos. Todos nuestros planes para las actividades del mañana pueden ser reducidos a añicos por miles de cosas desconocidas, mientras descansamos en cama plácidamente bajo las sábanas, o viajamos por las carreteras. Uno de mis objetivos es destruir el mito de la seguridad y, de alguna manera, librarte del encantamiento de la seguridad. Porque es un espejismo. No existe. No importa a dónde te dirijas, siempre habrá imprevistos desconocidos y cosas más allá de tu control... La forma mediante la cual quiero destruir el mito de la seguridad y liberarte del encantamiento del su espejismo, es simplemente ir a la Biblia y mostrarte que está bien arriesgarnos por la causa de Cristo...y no hacerlo, es desperdiciar tu vida".[85]

Piper también señala lo que fue dicho al apóstol Pablo por el Espíritu Santo, que *"en cada ciudad... me esperan aflicciones y cárcel"*. (Hechos 20:23). Pablo no era prisionero del mito de la seguridad y la confianza personal, porque ya había contado el costo.

> Filipenses 3:8: *"Y ciertamente, aún estimo todas las cosas como pérdida por la excelencia del conocimiento de Cristo Jesús, mi Señor, por amor del cual lo he perdido todo, y lo tengo por basura, para ganar a Cristo..."*

Podemos leer acerca de las tribulaciones que Pablo pasó cuando lo arriesgó todo, en 2 Corintios 11:24-28. Piper concluye diciendo:

---

[85] Piper, John, *"No desperdicies tu vida."* p. 80-81 (Crossway Books, 2003).

"cada día [Pablo] arriesgaba su vida por causa de Dios... Tenía dos opciones: desperdiciar su vida o vivir con el riesgo. Y respondió a esta opción de manera clara: *"Ni estimo preciosa a mi vida para mí mismo, con tal de que acabe mi carrera con gozo, y el ministerio que recibí del Señor Jesús, para dar testimonio del evangelio de la gracia de Dios"*. [Hechos 20:24].

John MacArthur dice lo siguiente en cuanto al engaño del enemigo al hacer que los cristianos teman a la muerte:

"Lo peor que le puede pasar a un creyente que sufre injustamente, es la muerte, y esto es, realmente, lo mejor que le puede suceder, pues la muerte significa el final completo y definitivo de todos los pecados. Si el cristiano está armado con el objetivo de ser liberado del pecado, y esta meta se cumple por medio de la muerte, la amenaza y la experiencia de la muerte son preciosas (cf. Romanos 7:5, 18; 1 Corintios 1:21; 15:42,49). Además, el arma más poderosa que el enemigo tiene en contra de los cristianos, la amenaza de la muerte, no es efectiva".[86]

Resumiendo este concepto de *seguridad* y nuestro servicio a Dios, David Jeremiah estaba en lo cierto, cuando expresó que:

"...un hombre de Dios, en la voluntad de Dios, *es inmortal* hasta que su trabajo en la tierra llega a su fin".[87]

---

[86] MacArthur, John Jr., Ed.) *La Biblia de Estudio McArthur* 1997 (electronic ed.) (1 Peter 4:1). Nashville, TN: Word Publications.

[87] Jeremiah, David, *"Las Escrituras en el muro: Secretos de las profecías Daniel."* p.127 Thomas Nelson, 1992.

Continuemos el análisis verso por verso de la Gran Comisión (Mateo 28:18-20) examinando la primera parte del verso 19.

> Mateo 28:19 [primera parte del verso]:
> "Id por tanto y haced discípulos de todas las naciones..."

Está claro que hemos de ir y hacer discípulos.[88] ¿A dónde vamos a ir? La respuesta es también clara —vamos a ir a través de todo el mundo. Marcos 16:15 declara: *"Y él les dijo: Id por todo el mundo y predicad el evangelio a toda criatura"*. He escuchado varias veces a un pastor animando a su congregación al tergiversar este mandamiento; dando a entender que ellos están haciendo todo lo que el Señor pide de ellos al ser buenas personas en sus trabajos y sirviendo en la iglesia. El pastor con frecuencia finaliza diciendo que "necesitamos gente que se quede aquí y que haga dinero para mandar a otros; después de todo, *no todos podemos ir*". ¿No podemos? ¡Sería más exacto decir que *"no queremos!"* Si, tú tienes que ser un buen testigo en el lugar en el que estás (esto, asumiendo que estás realmente testificando de Cristo), pero esto no es una excusa para no ir. En ningún lugar las Escrituras nos dicen que tan *solo* ciertas personas son las que tienen que hacer dinero para pagar el costo de las misiones y que solo otros (los de no muchos ingresos) son los que van. Da igual que sean de larga o corta duración, cerca o lejos, todos somos llamados a ir... y ayudar a otros a que también puedan ir, y orar porque más vayan "...*La*

---

[88] Argumentos gramaticales han sido presentados por algunos, de que προευθέντες debe ser traducida por "habiendo ido" o "mientras estas yendo". No obstante, tales traducciones hacen que el famoso erudito griego Daniel Wallace no esté de acuerdo. Wallace plantea que la traducción errónea, ¡equivocadamente torna "la Gran Comisión, en la Gran Sugerencia!" Wallace, Daniel B. *Gramática Griega más allá de lo básico: Una sintaxis exegética del Nuevo Testamento con escrituras, Sujeto e índice de palabras en Griego*. Grand Rapids, MI: Zondervan, 1996, 645. En síntesis, los discípulos de Jesús han de ir y hacer discípulos—La Gran Comisión aún permanece —¡Vayamos!

mies es mucha, mas los obreros pocos. Rogad por tanto, al Señor de la mies que envíe obreros a su mies". (Mateo 9:37-38). Si haces esto, te advierto que puede ser que no llegues a tener los mejores autos que existan, o no puedas vivir en la casa más grande que puedas pagar, si te enfocas en financiar a otros y a ti mismo en el campo misionero.

Otro planteamiento que escucharás de algunos religiosos mientras te cuestionan y te desalientan acerca de salir a hacer trabajo misionero es: *"Hay suficiente trabajo por hacer aquí en nuestra comunidad. Por qué necesitas ir a* _____? (complete el espacio en blanco con el país o campo misionero). Si los que hacen esta pregunta estuvieran realmente ocupados en el verdadero evangelismo en su comunidad, el *trabajo* por el que alegan estar *tan preocupados,* hubiera sido hecho hace mucho tiempo. El punto está claro —Jesús nos dice que vayamos, y *tenemos que ir,* independientemente de si tiene sentido para la familia o las personas de la *iglesia* .

El mártir Jim Elliot creyó que era llamado a ser misionero a los indios Quechuas.[89] Algunas personas en la iglesia trataron de disuadirlo con varias razones, entre ellas que el riesgo era muy alto. ¡Ese tipo de ataques sutiles a la mente por parte del enemigo y de varias personas mal enseñadas dentro de la iglesia misma, deben ser rebatidos por la palabra de Dios! Elliot contestó a estos ataques cuando dijo:

"Considera el llamado del trono de lo alto, 'Id', y alrededor nuestro, 'desciende y ayúdanos', y aun, el llamado de las almas condenadas en lo profundo, 'envía a Lázaro a mis hermanos, para que no vengan a este lugar'. Impelido pues, por estas voces, no me atrevo a quedarme en casa, mientras los Quichuas perezcan. ¿Qué importa si la iglesia, bien alimentada

---

[89] Quichua es un idioma de pueblos indígenas en Sudamérica. Existen indígenas hablantes de Quichua en el Ecuador.

en la tierra natal necesita que se le sensibilice? Ellos tienen a las Escrituras, Moisés y los profetas, y mucho, mucho más. Su condenación la llevan escrita en las nutridas chequeras del banco, y en las tapas empolvadas de sus biblias. Los creyentes en los Estados Unidos han vendido sus almas al servicio de Mammon, y Dios tiene una manera de tratar justamente con aquellos que sucumben al espíritu de Laodicea".[90]

En la medida en que creces en Cristo, tu amor por él te dará una visión mucho más grande que la pequeña área en que vives. Desarrollarás un corazón genuino para las misiones, y reconocerás algunos de los siguientes siete cambios ocurriendo en tu vida:

1)   Tu corazón se conmoverá por aquellos que no conocen a Cristo, porque realmente crees que los incrédulos se dirigen al infierno que dura toda una eternidad.

> Apocalipsis 20:11-15: *"Y vi un gran trono blanco y al que estaba sentado en él, delante del cual huyeron la tierra y el cielo, y ningún lugar se encontró para ellos. [12] Y vi a los muertos, grandes y pequeños, de pie ante Dios, y los libros fueron abiertos, y otro libro fue abierto, el cual es el libro de la vida, y fueron juzgados los muertos por las cosas que estaban escritas en los libros, según sus*

---

[90] Elliot, Elisabeth, 1979, *La Sombra del Altísimo: Vida y Testamento de Jim Elliot*, p. 132 Harper Collins.

Nota extra: Jim Elliot hace referencia a diferentes versos de la Biblia en la nota de arriba "...el trono en lo Alto, *'Id'*"– (Mateo 28:18-20); "...alrededor nuestro, *'Venid y ayudadnos,'*"– (Hechos 16:9); "...incluso el clamor de las almas condenadas en el abismo *'Envía a Lázaro a mis hermanos, para que no vengan a este lugar.'*"– (Lucas 16:23-31); "...*Ellos tienen a las Escrituras, a Moisés y a los profetas...*"– (Lucas 16:29); "Los creyentes en los Estados Unidos han vendido sus vidas al servicio de Mammon..."– (Lucas 16:13); "Su manera de tratar justamente con aquellos que sucumben al espíritu de Laodicea."– (Apocalipsis 3:14-16).

obras. [13]Y el mar entregó los muertos que había en él, y la muerte y el Hades entregaron los muertos que había en ellos, y fueron juzgados cada uno según su obras. [14]Y la muerte y el Hades fueron lanzados al lago de fuego, esta es la muerte segunda. [15]Y el que no se halló inscrito en el libro de la vida, fue lanzado al lago de fuego.."

2) Tendrás en tu corazón a aquellos que sirven en el campo misionero.

> Colosenses 2:5: *"Porque aunque estoy ausente en el cuerpo, no obstante en espíritu estoy con vosotros, gozándome y viendo vuestro buen orden, y la firmeza de vuestra fe en Cristo."*

3) Tu corazón saltará de emoción cuando escuches un domingo por la mañana que alguien está dando un informe de misiones. Estarás emocionado al oír lo que *"Dios ha hecho"*. (Aquellos que no tienen un corazón misionero volverán la mirada y dirán "¡que aburrido!", o que el misionero lo que está buscando es dinero).

> Hechos 14:27: *"y habiendo ellos llegado, se congregaron en la iglesia juntos, y comenzaron a contar todas las cosas que el Señor había hecho con ellos y de cómo había abierto una puerta de fe para los gentiles."*

4) Buscarás maneras de ayudar a los misioneros con su trabajo y servirles.

> Filipenses 4:16-18: *"...pues aún a Tesalónica me enviasteis una y otra vez para mis necesidades. [17]No es que busque dádivas, sino que busco fruto que abunde en vuestra cuenta. [18]Pero todo he recibido, y tengo abundancia, estoy lleno, habiendo recibido de Epafrodito lo que*

enviasteis, olor fragante, sacrificio acepto, agradable a Dios".

5) Orarás por aquellos que son perseguidos por causa del evangelio.

> **1 Corintios 12:26:** *"Y si un miembro padece, todos los demás miembros sufren con él; si un miembro es honrado, todos los miembros se regocijan con él".*

> **Colosenses 4:18:** *"La salutación de mi propia mano, de Pablo. Acordaos de mis prisiones..."*

6) Orarás para que el Señor envíe obreros al campo misionero.

> **Mateo 9:37-38:** *"Entonces dijo a sus discípulos: A la verdad la mies es mucha, y los obreros pocos. [38]Rogad pues al Señor de la mies, que envíe obreros a su mies".*

7) ¡Finalmente, irás tú mismo! Puede que sea cerca o lejos, puede que sea de larga o de corta duración, puede que sea un trabajo grande o uno pequeño; *pero tu irás, y seguirás yendo.* ¡En la misión experimentarás pruebas, tribulaciones y persecución, conjuntamente con frutos espirituales y un GRAN GOZO!

Ahora que hemos dejado claro que hemos de ir, ¿qué es lo que queremos lograr? Jesús dijo que hemos de *"hacer discípulos de todas las naciones"* (no solamente a construir y reparar cosas). Un discípulo es un aprendiz/seguidor. Somos llamados a hacer discípulos de Jesucristo, y no de nosotros, o de nuestra iglesia o denominación. Es muy deprimente cuando hay personas en la iglesia que tratan de crear subgrupos/grupúsculos alrededor de un líder.

1 Corintios 1:12-13: *"Quiero decir, que cada uno de vosotros dice: 'Yo soy de Pablo', y 'Yo de Apolos,' y 'Yo de Cefas' y 'Yo de Cristo'.* [13]*¿Acaso está dividido Cristo? ¿Fue crucificado Pablo por vosotros? O ¿fuisteis bautizados en el nombre de Pablo?"*

Un hombre de Dios usará su influencia para hacer que las personas constantemente estén enfocadas en Cristo, y no en su persona. Pablo dijo en 1ra de Corintios 11:1: *"Sed pues, imitadores de mí, como yo lo soy de Cristo".*

Ahora, examinemos la segunda parte de Mateo 28:19.

<u>Mateo 28:19 [segunda parte del versículo]:</u>
"...bautizándolos en el nombre del Padre, y del Hijo, y del Espíritu Santo ...."

Vemos también que los nuevos discípulos en Cristo son bautizados. Siempre sospecho mucho de las personas que se dicen cristianos, pero que no se quieren bautizar. Tal punto de vista es una rebelión contra de las palabras de Cristo (Mateo 28:19). El bautismo es lo que se espera de aquellos que creen en la salvación.

Hechos 8:36-38: *"Y yendo por el camino, llegaron a cierta agua, y dijo el eunuco: Aquí hay agua; ¿qué impide que yo sea bautizado?* [37]*Felipe dijo: Si crees de todo corazón, bien puedes. Y respondiendo dijo: Creo que Jesucristo es el Hijo de Dios.* [38]*Y mandó parar el carro; y descendieron ambos al agua, Felipe y el eunuco, y le bautizó".*

El bautismo debe ser en nombre de la Trinidad (*en nombre del Padre, y del Hijo, y del Espíritu Santo...").* Esto expone el error fatal de la "teología de la unicidad". La Teología de la Unicidad (también conocida como "solo Jesús," o "modalismo")[91] niega la doctrina fundamental de la Trinidad, y dice que uno debe ser bautizado en el nombre *de Jesús solamente* (en oposición directa con las palabras del mismo Jesús en Mateo 28:19).

Ser bautizado dentro del cuerpo de Cristo no es ningún rito mágico, oficiado por algún hombre especial con agua especial. Recuerda, el bautismo no te salva, esto solo lo puede hacer la fe en Cristo. R. C. Sproul lo explica de esta manera:

"El bautismo fue instituido por Cristo, y ha de ser administrado en el nombre del Padre, del Hijo, y del Espíritu Santo. La señal externa de este acto no trasmite de manera mágica o automática las realidades que este denota. Por ejemplo, aunque el bautismo significa regeneración, o nuevo nacimiento, no transmite nuevo nacimiento automáticamente. El poder del bautismo no está en el agua, sino en el Poder de Dios".[92]

Algunos cometen el gran error herético de creer que el ritual del bautismo pone dentro de la persona la salvación eterna, mientras otros yerran en creer que el bautismo por agua es de cierta forma insignificante. El bautismo por agua es muy importante para el cristiano. Durante el bautismo por agua la persona se identifica a sí misma de manera pública con Cristo y con el cuerpo de Cristo (i.e. la iglesia). Simboliza externamente el bautismo y conversión que ha tenido lugar en el interior del individuo. (Vea 1 Corintios 12:13, Romanos 6:2-11).

---

[91] "La iglesia ha rechazado las herejías del "modalismo" y el "tri-teísmo". 'El modalismo' niega la distinción de las personas dentro de la Deidad, afirmando que Padre, Hijo y Espíritu Santo son tan solo maneras en las cuales Dios se expresa él mismo. 'El tri-teísmo, por otro lado, falsamente declara que hay tres seres, los cuales, juntos, forman a Dios". Sproul, R. C., *Verdades esenciales de la fe cristiana*, Wheaton, Ill.: Tyndale House (1996, c1992).

[92] Sproul, R. C. (1996) *Verdades esenciales de la fe cristiana, # 80 Bautismo*, Wheaton, Ill.: Tyndale House.

Frecuentemente oirás a un evangelista llamar a la gente al altar de un templo para que se identifiquen públicamente con Cristo. Esto está bien, pero el bautismo es la forma pública de identificación con Cristo. Hechos 2:41: *"Entonces, todos aquellos que habían recibido la palabra, eran bautizados, y aquel día fueron añadidas unas tres mil almas".*

Ahora, comencemos a examinar Mateo 28:20, el cual es el último versículo de la Gran Comisión.

Mateo 28:20 (la primera parte del versículo):
"...enseñándoles que guarden todo lo que yo os he mandado..."

El cristiano obediente equipa a los nuevos discípulos que han venido a la fe en Jesucristo: *"...enseñándoles que guarden todo lo que yo os he mandado..."* Jesús no dijo que vayas y les enseñes todas las grandes *lecciones de vida* que has aprendido de la iglesia. Él nos dijo que fuéramos y les enseñáramos todo lo que él ha *mandado*. La obediencia a Cristo es una manifestación de la conversión: *"Si me amáis, guardad mis mandamientos".* (Juan 14:15). Los mandamientos de Dios son resumidos por nuestro Señor:

Mateo 22:36-39: *"Maestro, ¿cuál es el gran mandamiento en la ley?"* [37]*Jesús le dijo: Amarás al Señor tu Dios con todo tu corazón, y con toda tu alma, y con toda tu mente".* [38]*Este es el primero y grande mandamiento.* [39]*Y el segundo es semejante: Amarás a tu prójimo como a ti mismo".*

Algunos han tratado de torcer las enseñanzas de Cristo transformándolas en un programa para mejorar la vida. Esta visión ve al evangelio como algo que ayuda a las personas a mejorar sus matrimonios, alcanzar que los promuevan en sus trabajos, y ser mejores personas. El verdadero evangelio es el que reconcilia al hombre pecador con el Dios perfecto. El hombre escapa del un bien merecido juicio en el infierno por medio de la fe en Jesucristo y su muerte expiatoria en la cruz del calvario. El creyente es liberado del pecado y la muerte, y puede vivir gozosamente para la gloria de Dios. Juan 10:10: "...*Yo he venido para que tengan vida, y que la tengan en abundancia.*"

Una vez que la persona llega a la revelación de lo que Cristo ha hecho por él, jamás vuelve a ser la misma. Nada reviste mayor valor que el Rey y su reino.

> Mateo 13:44-46: "*El reino de los cielos es como un tesoro escondido en el campo, que un hombre encontró, y lo escondió de nuevo, y gozoso por eso, va y vende todo lo que tiene, y compra aquel campo.* [45]*También el reino de los cielos es semejante a un mercader que busca buenas perlas,* [46]*que habiendo hallado una perla preciosa, fue y vendió todo lo que tenía, y la compró*".

Concluyamos nuestro examen de la Gran Comisión recapitulando las reconfortantes palabras de nuestro Señor en la segunda parte de Mateo 28:20.

Mateo 28:20 (segunda porción del versículo):
"...*y he aquí , yo estoy con vosotros siempre, hasta el fin del siglo*".

La última sección en Mateo 28:20 expresa la promesa de protección y seguridad en Cristo... hasta el final mismo. Como muchos escritores han señalado, nuestro Señor nos llama *amigos* en Juan 15:15; nuestro Señor nos llama *hermanos* en Hebreos 2:11; pero lo que es aún más asombroso es que él nos dice que es *Emmanuel —DIOS CON NOSOTROS...*" (Mateo 1:23). Sí, él es Dios con nosotros... "*siempre, hasta el fin de los tiempos*".

No pasemos por alto que Mateo 28:18-20 se compone de una *introducción*, un mandato, y una *conclusión*. La *introducción* comienza con Jesús estableciendo su completa soberanía sobre todo cuanto existe cuando declara: *"Toda potestad me es dada en el cielo y en la tierra"*. La *conclusión* afirma el hecho de su protección y cuidado constantes: *"Y he aquí, yo estoy con vosotros siempre, hasta el fin de los tiempos."* Note que entre la introducción y la conclusión está el *mandato*: *"Por tanto id y haced discípulos de todas las naciones, bautizándoles en el nombre del Padre, y del Hijo, y del Espíritu Santo,* [20] *enseñándoles a guardar todo esto que os he mandado..."* No puede estar más claro: Dios está en completo control, y permanece con nosotros hasta el final, así que podemos salir confiadamente y difundir el evangelio, y no ser obstaculizados por preocupaciones egoístas.

¿Obedecerás tú al Señor? Eso espero. Comencemos a aprender cómo compartir el evangelio con otros .

CAPÍTULO 7

¿CÓMO COMIENZO A EVANGELIZAR DE UNA MANERA EFECTIVA?

> Jesús dijo a sus discípulos: *"Me es necesario hacer las obras del que me envió, entre tanto que el día dura, la noche viene, cuando nadie puede trabajar".* (Juan 9:4).

¿Qué debemos hacer para evangelizar de una manera efectiva? La respuesta es simple: Mientras aún estás vivo y capaz, declara la verdad del evangelio y ocúpate en obras que glorifiquen el nombre de Dios. ¿Cómo llevas a cabo esto? A lo largo de los años he participado en diversos programas de evangelización. Durante mi vida he tenido el privilegio de compartir el evangelio con amigos en la secundaria, llevar a cabo predicación del evangelio al aire libre mientras asistía a la universidad, hablar en iglesias, y repartir tratados y biblias en ciudades, tanto de los Estados Unidos, como del exterior. Como mencionaba antes, cuando estamos inmersos en el *verdadero evangelismo*, debes entender que no serás cálidamente recibido por la mayor parte de la multitud. Aun peor, ni siquiera una *minoría* de la multitud te recibirá con agrado. No deberías tomártelo en forma personal. Mira las palabras del mismo Jesús acerca de cuántos recibirían el evangelio. Cuando le preguntaron cuántos se salvarían, Jesús se refirió a estos con esta palabra *"pocos"*.

Mateo 7:14: *"Porque estrecha es la puerta, y angosto es el camino que lleva a la vida, y pocos son los que lo hallan"*.

Mateo 22:14: *"Porque muchos son los llamados, pero pocos los escogidos"*.

Aparte de estos *"pocos"*, ¿cómo responderá el resto? Ellos no permanecerán ambivalentes con respecto a Jesús. Si compartes con ellos que la Palabra de Dios dice que son culpables del pecado, muchos de ellos se resistirán a esa verdad. En la lucha en contra de su conciencia dirigirán sus ataques en tu contra. Puedes explicarles que tú también has pecado muchas veces, y que tu necesidad del perdón es también muy grande, pero eso no apaciguara a los que no quieren arrepentirse y aquellos que se creen justos en su propia opinión.

Muchos cristianos tienen la creencia equivocada que si hacen la voluntad de Dios todo en la vida les marchará bien (i.e. libre de problemas y "bendecidos"). ¡En ultima instancia, las cosas obrarán para bien, y el cristiano es bendito! Tan solo, no te sorprendan las pruebas que deberás enfrentar a lo largo del camino. El apóstol Pedro nos recuerda acerca de ello:

1 Pedro 4:12-14: *"Amados, no os sorprendáis del fuego de prueba que os ha sobrevenido, como si alguna cosa extraña os aconteciese; ¹³sino gozaos por cuanto sois partícipes de Cristo, para que también en la revelación de su gloria os gocéis con gran alegría. ¹⁴Si sois vituperados por el nombre de Cristo, sois bienaventurados, porque el glorioso Espíritu de Dios reposa sobre vosotros"*.

¡Jesucristo mismo deja claro que serás bendito!

> **Lucas 6:22-23:** *"Bienaventurados seréis cuando los hombres os aborrezcan, y cuando os aparten de sí, y os vituperen, y desechen vuestro nombre como malo, por causa del Hijo del Hombre.* [23]*"Gozaos en aquel día, y alegraos; porque he aquí que vuestro galardón es grande en los cielos; porque así hacían sus padres con los profetas".*

El mejor ejemplo de lo que es un evangelista, Pablo el apóstol, también experimentó numerosas pruebas cuando compartía el evangelio tanto con los paganos como con los que se creían muy religiosos o justos por sus propios méritos.

> **2 Corintios 11:24–28:** *"De los judíos cinco veces he recibido cuarenta azotes menos uno.* [25]*Tres veces he sido azotado con varas, una vez apedreado, tres veces he padecido naufragio, una noche y un día he estado como náufrago en alta mar.* [26]*En caminos muchas veces, en peligro de ríos, peligros de ladrones, peligros de los de mi nación, peligros de los gentiles, peligros en la ciudad, peligros en el desierto, peligros en el mar, peligros entre falsos hermanos;* [27]*en trabajo y fatiga, en muchos desvelos, en hambre y sed, en muchos ayunos, en frío y en desnudez.* [28]*Y además de otras cosas, lo que sobre mí se agolpa cada día, la preocupación por todas las iglesias".*

He encontrado personas que, cuando son confrontados con su pecado, quieren argüir acerca de las *cosas buenas* que han hecho, como evidencia de que son muy *buenas personas*. Por ejemplo, en un intento de minimizar su necesidad por el evangelio, un hombre se complace en recordar cómo le dio $5 a un mendigo hace una semana. Ni siquiera se le pasa por la mente que Dios recuerda que, durante la misma semana, mintió 92 veces, engañó con respecto a sus impuestos, despreció al hombre que estaba en el departamento cerca de él, sintió lujuria por una mujer en su oficina, miró pornografía, y usó el nombre de Dios en vano 173 veces. ¡Cuando la justicia propia de alguien está bajo escrutinio, esa persona, o se va a arrepentir, o te va a atacar!

Jesús dio un ejemplo de lo antes mencionado en la parábola de la red, en Mateo 13:47-52. Mientras enseñaba la parábola, Él explicaba acerca del reino de los cielos, la justicia y el juicio que espera a los impíos. Específicamente afirmó acerca de los impíos, Dios *"les arrojará al abismo de fuego, en aquel lugar será el lloro y el crujir de dientes"*. (v. 50) ¿Cómo respondieron aquellos que se veían a si mismos como justos a la parábola de Jesús? ¿Sonrieron, acaso, y le dijeron cuánto agradecían su amorosa preocupación por sus almas? No, la palabra dice que en su pueblo *"...se escandalizaron de él"* (Mateo 13:57). El tiempo pasó, y el escándalo se transformó en una conspiración homicida *"...y buscaban los principales sacerdotes y los escribas cómo prenderle por engaño y matarle..."* (Marcos 14:1).

Jesús *prometió* que, como verdadero discípulo de él, tú también sufrirás persecución y calumnia.

> Juan 15:20: *"Acordaos de la palabra que yo os he dicho, 'El siervo no es mayor que su señor'. Si a mí me han perseguido, también a vosotros os perseguirán, si han guardado mi palabra, también guardarán la vuestra"*.

Es por eso que muchos cambian el verdadero evangelismo por la falsa comisión. Al usar técnicas de mercadeo con el evangelio tienes mayores posibilidades de no ofender a otros. Te sugiero, encarecidamente, que a partir de este mismo momento dejes de intentar ser un "cristiano relajado". Me he percatado que esos "cristianos relajados" están más preocupados de su propia imagen, que de reflejar la imagen del Padre. Su autoproclamado ministerio relajado (el cual cuenta con la aprobación del mundo) al final mostrará haber producido poco fruto espiritual. Acepta el hecho de que el verdadero evangelio no luce "relajado" para los incrédulos, sino que les quema su conciencia como el infierno mismo, y por tanto se escandalizan de él. Con respecto al mismo

Jesús dice: *"y se escandalizaron de él"* (Mateo 13:57). Así que, si de veras actúas como Él... realmente no vas a estar relajado ... mejor te vas acostumbrando. Te sugeriría vehementemente que seas un cristiano efectivo, que se preocupa más en no ofender a Dios, que en ofender al hombre. Si haces esto, vas a ser inmune a los insultos de los demás.

Para aprender como evangelizar de manera efectiva comenzaremos con nuestro texto principal: Mateo 5:13-20:

> *"Vosotros sois la sal de la tierra; pero si la sal se desvaneciere ¿con que será salada? No sirve más para nada, sino para ser echada fuera y hollada por los hombres. [14]Vosotros sois la luz del mundo, una ciudad asentada sobre un monte no se puede esconder. [15]Ni se enciende una luz y se pone debajo de un almud, sino sobre el candelero, y alumbra a todos los que están en la casa. [16]Así alumbre vuestra luz delante de los hombres, para que vean vuestras buenas obras, y glorifiquen a vuestro Padre que está en los cielos. [17]No penséis que he venido para abrogar la ley o los profetas, no he venido para abrogar, sino para cumplir. [18]Porque de cierto os digo que hasta que pasen el cielo y la tierra, ni una jota ni una tilde pasará de la ley, hasta que todo se haya cumplido. [19]De manera que cualquiera que quebrante uno de estos mandamientos muy pequeños, y así enseñe a los hombres, muy pequeño será llamado en el reino de los cielos, mas cualquiera que los haga y los enseñe, este será llamado grande en el reino de los cielos. [20]Porque os digo que si vuestra justicia no fuere mayor que la de los escribas y fariseos, no entraréis en el reino de los cielos".*

En esta porción del evangelio de Mateo vemos que el cristiano está llamado a traer *luz y verdad* a un mundo en tinieblas y engaño. Esto ocurre por el poder del Espíritu Santo moviéndose a través del creyente, el cual *proclama la Verdad* y *lleva a cabo buenas obras* para la *gloria de Dios*. Si queremos proclamar la verdad de forma efectiva debemos usar la perfecta ley de Dios (los diez mandamientos) para iluminar a la persona acerca de su condición de pecado. Si la persona es convencida de su condición pecaminosa por el Espíritu Santo, esa persona debe ser conducida a Cristo para escapar del juicio eterno en el infierno.

Romanos 7:5-8: *"Porque mientras estábamos en la carne, las pasiones pecaminosas que eran por la ley obraban en nuestros miembros llevando fruto para muerte. 6 Pero ahora estamos libres de la ley, por haber muerto para aquella en que estábamos sujetos, de modo que sirvamos bajo el régimen nuevo del Espíritu y no bajo el régimen viejo de la letra. 7¿Qué diremos, pues? ¿la ley es pecado? En ninguna manera. Pero yo no conocí el pecado sino por la ley, porque tampoco conociera la codicia, si la ley no dijera 'No codiciarás'. 8Mas el pecado, tomando ocasión por el mandamiento, produjo en mi toda codicia, porque sin la ley el pecado está muerto".*

Ahora, vamos a desglosar Mateo 5:13-20 en porciones más pequeñas empezando con:

VERSOS 13-16: *"Vosotros sois la sal de la tierra, pero si la sal se desvaneciere, ¿con que será salada? No sirve más para nada, sino para ser echada fuera y hollada por los hombres. 14Vosotros sois la luz del mundo, una ciudad asentada sobre un monte no se puede esconder. 15Ni se enciende una luz y se pone debajo de un almud, sino sobre el candelero, y alumbra a todos los que están en la casa. 16Así alumbre vuestra luz delante de los hombres, para que vean vuestras buenas obras, y glorifiquen a vuestro Padre que está en los cielos".*

Aquellos que piensan que con el tiempo la humanidad "esta mejorando", son anti-Bíblicos e inocentes —por lo menos—. Las

Escrituras dicen que algunos irán de *mal en peor* a medida que pasa el tiempo.[93] *"Mas los malos hombres y los engañadores irán de mal en peor, engañando y siendo engañados".* (2 Timoteo 3:13). La sal no se usa solo para dar sazón, sino para preservar. Como cristianos, somos llamados a ser personas de influencia. La idea de los cristianos como la *"sal de la tierra"* es que servimos como un elemento que protege a una sociedad que, de otra manera, solo es impía y degenerada. Somos llamados a causar un impacto guiado por el Espíritu Santo en la sociedad, y no ser tan solo *"insípidos"*. infortunadamente muchos cristianos han renunciado a su forma más efectiva de ser un elemento preservador, la proclamación del verdadero evangelio. Es solo el evangelio el que puede transformar a la persona del reino de las tinieblas a la luz. Cuando el evangelio es relegado a un segundo plano y la iglesia prioriza agendas de trabajo políticas y sociales, esta llega a ser efectiva solo en un nivel superficial. De la misma forma que una simple curita en la piel es incapaz de curar el cáncer que está dentro del organismo, el enfoque en las agendas sociales y políticas puede, cuando mucho, traer solo una reforma de carácter temporal y nominal… solo el evangelio puede traer *transformación* del alma.[94]

---

[93] 2 Timoteo 3:1-5: *"Pero también debes de saber esto, que en los postreros días vendrán tiempos peligrosos. ²Porque habrá hombres amadores de sí mismos, avaros, vanagloriosos, soberbios, blasfemos, desobedientes a los padres, ingratos, impíos, ³sin afecto natural, implacables, calumniadores, intemperantes, crueles, aborrecedores de lo bueno , ⁴traidores, impetuosos, infatuados, amadores de los deleites más que de Dios, ⁵que tendrán apariencia de piedad, pero negarán la eficacia de esta; a estos evita".*

[94] Sé de muchos cristianos que se preocupan demasiado con las cuestiones políticas. No estoy abogando por el descuido de la responsabilidad del creyente en el discurso público. Además, no soy ingenuo en lo concerniente a tales asuntos. De mi experiencia haciendo pasantía universitaria para un senador en Washington, D.C, habiendo trabajado en muchas administraciones de funcionarios políticos electos, entiendo plenamente la seriedad de las cuestiones políticas que dan forma a nuestra sociedad. De la misma manera, había toda una amplia gama de cuestiones políticas girando como un torbellino en los tiempos de Jesús (e.g. La dominación romana en Israel, facciones de saduceos y fariseos, etc.). No vemos a Jesús estableciendo u organizando comités de acción política, o

Jesús dijo en Juan 9:5: *"En tanto estoy en el mundo, luz soy del mundo"*. Ahora que Jesús ha dejado este mundo, su luz resplandece a través de su pueblo. Note que el verso 14 dice que nosotros también somos la *"luz del mundo"*, en el sentido de que el Espíritu Santo, el cual habita dentro de nosotros, es el que guía al cristiano para que diga a otros acerca del gran plan de salvación de Dios. Efesios 5:8-9 dice: *"...Porque vosotros erais antiguamente tinieblas, pero ahora sois luz en el Señor; caminad pues como hijos de luz [9](porque el fruto de la luz consiste en toda bondad y justicia y verdad)..."* No podemos influenciar a este mundo para Dios si vivimos de acuerdo al mundo. Mateo 5:15 dice que no vamos a *"...encender una lámpara, y ponerla bajo el almud..."* De la misma manera, no vamos a tomar la verdad concerniente al Camino de salvación, y "esconderla" del mundo. Una persona que esconde la verdad acerca de Cristo es típicamente alguien que se avergüenza de él. Jesús dijo:

> *"Porque el que se avergonzare de mí y de mis palabras en esta generación adúltera y pecadora, el Hijo del Hombre se avergonzará también de él, cuando venga en la gloria de su Padre y de sus santos ángeles"*. (Marcos 8:38).

Una última cosa acerca del servicio a Cristo: No seamos como los inconversos, que hacen sus *buenas obras* para conseguir la atención y el aplauso de los demás. Como cristianos, debemos hacer buenas obras (Efesios 2:10) para la gloria de Dios, no para la nuestra. Asimismo, siempre que sea posible, hagamos nuestras buenas obras en secreto (Mateo 6:1-4).

Ya que está claro que hemos sido llamados a ser la luz de este mundo caído, podemos examinar como la ley de Dios se usa para

---

guiando insurrecciones. Mi punto es qué es un infortunio cuando algunos en las iglesias no evangelizan, sino que se ocupan fervientemente en las cuestiones políticas. Alguna incluso no vacilan en invertir cuantiosas sumas de dinero y tiempo en candidatos políticos, pero no hacen lo mismo cuando se trata del predicar el evangelio.

que la luz del evangelio resplandezca en los ojos de los perdidos. Mateo 5:17-20 declara:

> "No penséis que he venido para abolir la ley o los profetas, no he venido para abrogar, sino para cumplir. [18]Porque de cierto os digo, que hasta que pasen el cielo y la tierra, ni una jota o una tilde pasará de la ley, hasta que todo se haya cumplido. [19]De manera que cualquiera que quebrante uno de estos mandamientos muy pequeños, y así enseñe a los hombres, muy pequeño será llamado en el reino de los cielos, más cualquiera que los haga y los enseñe, este será llamado grande en el reino de los cielos. [20]Porque os digo que si vuestra justicia no fuere mayor que la de los escribas y fariseos, no entraréis en el reino de los cielos."

Jesús dijo que él no vino para *"abolir la ley"*, sino para cumplirla. Alguna gente piensa que la ley del Antiguo Testamento es algo malo. Es un pensamiento erróneo. La Biblia dice: *"De manera que la ley a la verdad es santa, y el mandamiento santo, justo y bueno".* (Romanos 7:12). Jesús también dijo: *"Pero es más fácil que pasen el cielo y la tierra, que se frustre una tilde de la ley."* (Lucas 16:17). (Vea también nuestro texto principal en Mateo 5:18.)

A la hora de exponer con claridad y exactitud el evangelio existen algunos conceptos básicos que deben ser aplicados. El cristiano debe estar preparado para tener una conversación con los inconversos, y explicarles porqué es un discípulo de Cristo (i.e. por qué tiene esperanza de vida eterna): *"Sino santificad a Dios el Señor en vuestros corazones, y estad siempre preparados para presentar defensa con mansedumbre y reverencia ante todo el que os demande razón de la esperanza que hay en vosotros".* (1 Pedro 3:15).

No debemos involucrarnos en un debate con el objetivo de aplastar y humillar a la persona que está discutiendo con nosotros (*con mansedumbre*). La mansedumbre no significa que debes hacer concesiones para no ofender a la persona, ya que las Escrituras dejan bien claro que el evangelio es, ya de por sí una ofensa para la mente natural (1 Corintios 2:14, Romanos 9:32-33). Mansedumbre quiere decir que entiendes que el incrédulo está totalmente ciego a las cosas de Dios (¡justo como estabas tú antes de que Cristo te salvara!)

Cuando 1 Pedro 3:15 habla de *reverencia* (algunas traducciones dicen temor) significa que no hemos de ser arrogantes e irrespetuosos para con otros, independientemente de cuál sea su reacción hacia nosotros. Aún así, esto no significa que tengamos temor de ningún hombre. ¡La Biblia habla en contra de este temor al hombre (agradar a los hombres) y nos dice que temamos a Dios! Es el temor a Dios en nuestras propias vidas un factor importante que hace que otros sean atraídos a Cristo: *"Conociendo, pues, el temor del Señor, persuadimos a los hombres, pero a Dios le es manifestado lo que somos, y espero que también lo sea a vuestras conciencias"*. (2 Corintios 5:11).

Algunos cristianos creen equivocadamente que el evangelismo consiste tan solo en contar "su historia" acerca de cómo se convirtieron en cristianos. La persona se puede referir a ello como dar su "testimonio personal". Aunque puede haber un lugar para esto, el verdadero evangelismo no me llama a concentrarme en dar "mi testimonio"; mas bien, que declare el "testimonio de Dios". Por ejemplo, digamos que un hombre ofrece su testimonio de cómo fue liberado de las drogas por medio de creer en Jesús. Un no creyente que oiga esto puede alejarse diciendo: "¡Qué bueno que a él le funcionó!, pero yo no tengo un problema con las drogas... así que, realmente no necesito a Jesús, como él". Si, a diferencia de esto, es el "testimonio de Dios" el que se comparte, la persona oirá acerca de la redención eterna de Jesucristo, el cual rescata al hombre del infierno por medio de su muerte en la cruz y su resurrección.

Hechos 4:33: *"Y con gran poder, los apóstoles estaban dando testimonio de la resurrección del Señor Jesús, y gracia abundante descendió sobre todos ellos"*.

Hechos 20:21: *"...testificando a judíos y gentiles acerca del arrepentimiento para con Dios, y de la fe en nuestro Señor Jesucristo".*

1 Corintios 1:5-6: *"⁵Porque en todas las cosas fuisteis enriquecidos en él, en toda palabra y en toda ciencia, ⁶así como el testimonio acerca de Cristo ha sido confirmado en vosotros..."*

Apocalipsis 1:1-2: *"...Y la declaró enviándola por medio de su ángel a su siervo Juan, ²que ha dado testimonio de la palabra de Dios, y del testimonio de Jesucristo, y de todas las cosas que ha visto".*

Creo que hay siete conceptos principales que deben ser llevados a cabo a la hora de declarar el "testimonio de Dios" i.e. compartir el evangelio con el incrédulo:

Primero: La persona a la cual le estás testificando debe entender que fallar en obedecer perfectamente la ley de Dios (en pensamiento, palabra y hecho) es pecado. Santiago 2:10: *"Porque cualquiera que guardare toda la ley, pero ofendiere en un punto, se hace culpable de todos".*

Segundo: La persona a la cual le estás testificando de Cristo debe entender que una perfecta obediencia de la ley de Dios (en pensamiento, palabra y hecho) es absolutamente imposible! Puesto que no hay nadie que pueda obedecerla cabalmente, la ley establece que cada persona es un pecador culpable. Romanos 3:23: *"...por cuanto todos pecaron y están destituidos de la gloria de Dios...."* En resumen, la ley de Dios nos muestra su estándar de perfección, el cual es necesario para entrar al cielo, pero al mostrarnos sus parámetros, nos enseña que nunca los podremos alcanzar. Es un error decir que la ley es injusta o mala , solo porque nosotros no podemos guardarla perfectamente. Romanos 7:7: *"¿Qué pues diremos? ¿Es la ley pecado? ¡En ninguna manera! Pero yo no conocí el pecado sino por la ley, porque tampoco conociera la codicia, si la ley no dijera, "NO CODICIARÁS".* (Vea también 1 Timoteo 1:8-11).

Tercero: La persona a la cual estás testificando debe entender que será juzgada por sus obras (i.e. sí obedeció perfectamente la ley de Dios en pensamiento, palabra y hecho).

> Apocalipsis 20:11-15: *"Entonces vi un gran trono blanco y al que estaba sentado en él, delante del cual huyeron la tierra y el cielo, y ningún lugar se encontró para ellos. ¹²Y vi a los muertos, grandes y pequeños, de pie ante Dios, y los libros fueron abiertos, y otro libro fue abierto, el cual es el libro de la vida, y fueron juzgados los muertos por las cosas que estaban escritas en los libros, según sus obras. ¹³Y el mar entregó los muertos que había en él, y el Hades entregó los muertos que había en ellos, y fueron juzgados cada uno según sus obras. ¹⁴Y la muerte y el Hades fueron lanzados al lago de fuego. Esta es la muerte segunda. ¹⁵Y el que no se halló inscrito en el libro de la vida, fue lanzado al lago de fuego".* (Vea también Hebreos 4:12-13).

Cuarto: La persona a la cual le estás testificando debe entender que el pago por haber pecado, incluso una sola vez, es muerte y una eternidad en el infierno. Santiago 1:15: *"...y cuando el pecado es llevado a cabo, produce muerte".* Apocalipsis 20:14-15: *"y la muerte y el Hades fueron lanzados dentro del lago de fuego. Esta es la muerte segunda, el lago de fuego. ¹⁵Y el que no se halló inscrito en el libro de la vida, fue lanzado al lago de fuego".* Debe además entender que el juicio no es temporal, ni termina con la aniquilación, para que no tengas que sentir nada. El tormento sigue por siempre... y para siempre. Cincuenta y cinco billones de años es justo el comienzo en la eternidad. Examina y considera cuidadosamente la descripción que hace del infierno la palabra de Dios.

> [Llamas y tormento – Lucas 16:19-31; un Lago de fuego que arde con azufre - Apocalipsis 19:20; Atormentados día y noche, por siempre y para siempre en el lago de fuego - Apocalipsis 20:10; Fuego eterno... la oscuridad de las tinieblas por siempre - Judas v.7, 13; eterno, destrucción fuera de la presencia del Señor - 2 Tesalonicenses 1:9; Donde el gusano no muere, y el fuego no se apaga - Marcos 9:43-48; lloro y crujir de dientes - Mateo 24:51; castigo eterno - Mateo 25:46; Indignación, ira, tribulación y angustia - Romanos 2:8,9; vergüenza y confusión perpetua - Daniel 12:2; Fuego que nunca se apagará - Lucas 3:17].

Cuando el Espíritu Santo le otorga conocimiento a una persona para saber que está condenada al infierno, esto debe hacerle correr a Cristo en busca del perdón. Algunos no lo harán, por tener corazones endurecidos (Hechos 19:8-9). Recuerda, tener éxito en el evangelismo *no es* hacer que alguien repita una oración, sino explicar correctamente el evangelio en amor, por el poder del Espíritu Santo.

Quinto: La persona a la que se testifica debe entender que la única manera en la que escapará del juicio por sus obras pecaminosas es si alguien mas (que haya perfectamente "cumplido la ley") paga su sentencia de muerte por él. Jesús como hijo divino de Dios, es el *Único* que ha cumplido perfectamente la ley. (En Mateo 5:17 Jesús dijo que él vino a "*cumplir*" la ley.) Hebreos 4:15 explica que Jesús fue "...*Uno que ha sido tentado en todas las cosas como nosotros, pero sin pecado*". Por tanto, la misma ley que nos enseña que estamos condenados al infierno, debe también llevarnos a Jesús para alcanzar el perdón y tener vida eterna: "*De la misma forma que la ley ha sido nuestro ayo, para llevarnos a Cristo, a fin de que fuésemos justificados por la fe...*" (Gálatas 3:24).

Sexto: Asegúrese de que la persona entienda que no puede *ganar* su perdón. La persona debe entender que la salvación no tiene nada que ver con que sea una persona justa, que haga buenas obras, efectuar una ceremonia religiosa, o limpiar su vida. No va al cielo simplemente porque, en un momento de su pasado se bautizó, hizo la confirmación, o repitió una oración.

Séptimo: Debes predicar el mismo mensaje que Jesús predicó: arrepentimiento de pecado y fe en el evangelio de Jesucristo. En Marcos 1:14-15 se dice que: *"... Jesús vino a Galilea, predicando el evangelio de Dios, [15]y diciendo, 'El tiempo se ha cumplido, y el reino de Dios se ha acercado; arrepentíos y creed en el evangelio'".* Está de más decir que este es el mismo mensaje predicado por los apóstoles: Hechos 20:21: *"...y testificando tanto a judíos como a gentiles, acerca del arrepentimiento para con Dios y fe en nuestro Señor Jesucristo..."* El significado de esto fue dicho antes, pero vale la pena repetirlo:

- ARREPENTIRSE significa volverle la espalda a sus pecados y abandonarles por el poder de Dios.
- CREER EN EL EVANGELIO significa que el que es "nacido de nuevo" por el Espíritu de Dios (Juan 3:3-8)[95] va a:

---

[95] El poder de Dios – cuando se es nacido de nuevo. Note que el concepto de "creer en Jesús" es más que tan solo estar de acuerdo en algunos hechos acerca de él. El hombre está muerto espiritualmente, y es un acto de Dios lo que le permite entrar en el reino de Dios: *"De cierto, de cierto te digo, que si un hombre no nace de nuevo, no puede ver el reino de Dios".* Juan capítulo 3 no es una explicación de *cómo* uno es nacido de nuevo; es una explicación de qué este es la obra del Espíritu de Dios. Juan 3:3–8: *"Respondió Jesús y le dijo: "De cierto, de cierto te digo, que a no ser que alguien nazca de nuevo, no puede ver el reino de Dios".* [4]*Respondió Nicodemo: "¿Cómo puede un hombre nacer de nuevo, siendo viejo? ¿ Puede acaso, entrar en el vientre de su madre una segunda vez, y nacer?"* [5]*Respondió Jesús: "De cierto, de cierto te digo, que si no nace del agua y del espíritu, no puede entrar en el reino de Dios.* [6]*"Lo que es nacido de la carne, carne es, y lo que es nacido del Espíritu, espíritu es.* [7]*"No os maravilléis de que os dijese: 'Os es preciso nacer de nuevo.'* [8]*"El viento sopla y oyes su sonido,*

- Creerá en Jesucristo como el Dios Todopoderoso, en el cual no hay pecado.
- Creerá en la muerte sacrificial de Jesús en la cruz como el único y suficiente pago por nuestros pecados.
- Creerá que Jesucristo resucitó de los muertos corporalmente al tercer día.
- Creerá en Jesús como el Señor de todo y confesara esta realidad a otras personas.[96]

De nuevo, recuerda que el evangelismo exitoso no se mide por resultados como hacer que la persona acepte repetir una oración, etc. El éxito es medido por compartir correctamente la verdad de Dios en amor, por el poder del Espíritu Santo.

Aplicación práctica de la ley mientras se evangeliza.

Por más de cuarenta años he usado diferentes programas y métodos de evangelismo. He descubierto que testificarle a las personas utilizando la ley de Dios (i.e. los diez mandamientos)[97]

---

pero no sabes de dónde viene ni a dónde va, así es cada cual que es nacido del Espíritu".

[96] Para un fundamento escritural acerca de estos conceptos, vea el apéndice al final del libro, titulado: *UN BOSQUEJO GENERAL DE LAS DOCTRINAS FUNDAMENTALES DEL CRISTIANISMO.* (Vea: Romanos 10:9: *"…que si confiesas con tu boca que Jesucristo es el Señor, y crees en tu corazón que Dios le levanto de los muertos, serás salvo").*

[97] Mucha de la información registrada proviene del excelente entrenamiento de evangelismo para usar la ley, enseñado por Ray Comfort. Para instrucción sobre el evangelismo usando los diez mandamientos,

es un método bíblico genuino y, por tanto, efectivo. [Para una instrucción más profunda acerca del evangelismo utilizando los diez mandamientos, vea los materiales del evangelista Ray Confort, así como su libro *The School of Biblical Evangelism (La Escuela del Evangelismo Bíblico)* (Bridge-Logos Publishers, 2004)]. Mediante el uso de la ley de Dios para dejar convicta la conciencia humana, el cristiano será menos tentado a desviarse a una visión barata del evangelio, tipo mercadeo para el consumidor. Una aproximación tipo "marketing" hará la sutil promesa de que la persona que esté de acuerdo en "aceptar a Cristo" va a ser recompensada con una vida feliz (i.e. ¡Dios solucionará sus problemas e irá al cielo también!)

Cada discípulo debe entender que el verdadero evangelio no es atractivo al mundo incrédulo. No estamos tratando de agradarle a las personas, o que Jesús *les agrade*. La ley no salva a la gente, sino, más bien, les muestra que necesitan un Salvador. Como afirmo Warren Wiersbe: "La ley no es el evangelio, pero el evangelio no es sin ley".[98] Jesús dijo: *"Si me amáis, guardad mis mandamientos".* (Juan 14:15).

Las Escrituras nos dicen en 1ra de Juan 2:3-6:

"Y en esto sabemos que nosotros le conocemos, si guardamos sus mandamientos. [4]El que dice, yo le conozco, y no guardó sus mandamientos, el tal es mentiroso, y la verdad no está en él; [5]pero el que guarda su palabra, en este verdaderamente el amor de Dios se ha perfeccionado; por esto sabemos que estamos en él: [6]El que dice que permanece en él, debe andar como el anduvo".

---

consulte a R. Comfort and K. Cameron, The School of Biblical Evangelism (Bridge-Logos Publishers, 2004.)

[98]Wiersbe, W. W. (1996). *Comentario de Exposición Bíblica* (1 Timoteo 1:1). Wheaton, Ill: Victor Books.

Martín Lutero señaló que la ley es quien revela nuestra situación de condenación para que podamos ver nuestra necesidad de Cristo: "La primera responsabilidad de un predicador... la revelación de la ley y del pecado..."[99] En otra obra continuó explicando: "Vosotros sois muertos por la ley, para que, a través de Cristo, podáis ser provocados y restaurados a la vida".[100]

San Agustín escribió:

El pecado no puede ser derrotado sin la gracia de Dios, de modo que la ley fue dada para dejar el alma en ansiedad por su culpa, para que pueda estar lista para recibir la gracia".[101]

Charles Spurgeon explica por qué no debemos evitar amonestar a los perdidos acerca de la ley de Dios cuando expresó:

"Al minimizar la ley, debilitas su poder en las manos de Dios, como dadora de convicción de pecado. Este es el espejo que nos muestra nuestras manchas, y esta es la cosa más poderosa; nada, sino el evangelio puede limpiarlas... Reduce la ley, y estarás opacando la luz a través de la cual el hombre percibe su culpa. Más que una ganancia, esto es una pérdida muy grande para el pecador".[102]

---

[99] Martin Luther, *Epístola de San Pablo a los Romanos*. Traducido por Bon Andrew Thomton, OS Bed Hans Volz and Heinz Blanke, Volumen 2 p.iii.

[100] Martin Luther, *Comentario acerca de los Gálatas*, p.212.

[101] Thomas C. Oden, *Antiguos comentarios cristianos acerca de las Escrituras, Romanos, Vol. VI*, p.182.

[102] Charles H. Spurgeon, *Púlpito del Tabernáculo Metropolitano, Vol. 28*, pp. 248, 285.

El Catecismo Mayor de los Estándares de la Confesión de Westminster explica que:

"La ley moral es de utilidad para los no regenerados, para despertar sus conciencias a fin de que huyan de la ira venidera, y para dirigirlos a Cristo; o si es que ellos permanecen en el estado y camino de pecado, para que queden sin excusa, y bajo la maldición de la ley.".[103]

El doctor D. Martin Lloyd-Jones planteó lo siguiente con respecto al evangelismo :

"Esta doctrina (el pecado) es, por tanto, absolutamente vital en determinar nuestra concepción de lo que es el evangelismo genuino. No puede haber verdadero evangelismo sin la doctrina del pecado, y sin comprender qué es el pecado. No quiero ser injusto, pero digo que un evangelio que diga meramente 'Ven a Jesús', y lo ofrece como un amigo, y ofrece una maravillosa vida nueva , sin la convicción del pecado, no es el evangelismo del Nuevo Testamento. La esencia del evangelismo es comenzar con la predicación de la ley; y es porque la ley no ha sido predicada, que hemos tenido por tanto tiempo un evangelismo tan superficial. Examina a fondo el ministerio de nuestro Señor mismo, y no podrás evitar tener la impresión de que, en ocasiones, lejos de presionar a la gente para que le siguiese a él y se decidiesen por él, les presentaba grandes obstáculos en su camino. Él dijo en efecto: '¿Se dan cuenta de lo que están haciendo? ¿Han contado el costo? ¿Se dan cuenta de a dónde puede llevarles? O ¿Entienden lo que implica negarse a sí mismos, tomar

---

[103] Smith, M. H. (1996, c1990). *Gran Catequismo de los Parámetros de la Confesión de Westminster;* Pregunta 96. Index creado por Christian Classics Foundation. (electronic ed.) Greenville: Greenville Presbyterian Theological Seminary Press.

su cruz y seguirme a mí?' Yo digo que el verdadero evangelismo, por causa de esta doctrina del pecado, debe siempre comenzar predicando la ley. Esto quiere decir que tenemos que explicar que la humanidad entera está siendo confrontada con la santidad de Dios, por sus demandas, y también por las consecuencias que tiene el pecado. Es el Hijo de Dios mismo el que habla de ser arrojado al infierno. Si no te gusta la doctrina del infierno, estás en desacuerdo con Jesucristo. Él, el Hijo de Dios, creía en el infierno, y es en su misma exposición de la verdadera naturaleza del pecado que Él enseña que es el pecado el que, al final, hace que los hombres terminen en el infierno. *Por tanto, el evangelismo ha de comenzar con la santidad de Dios, la naturaleza pecadora del hombre, las exigencias de la ley, el castigo estipulado por ley, y las consecuencias eternas de la maldad y las malas acciones.* Solo el hombre que es llevado a ver el pecado de esta manera es el que se dirige con toda premura a Cristo buscando liberación y redención. Cualquier confianza en el Señor Jesucristo que no esté basada en esto no es verdaderamente creer en él. Una persona puede, incluso, creer en el Señor Jesucristo a un nivel psicológico, pero el verdadero creyente es aquel que le ve a Él como aquel que nos libera de la maldición de la ley. Es así como comienza el verdadero evangelismo, y es, obviamente antes que todo lo demás, un llamado al arrepentimiento, 'arrepentimiento para con Dios, y fe hacia nuestro Señor Jesucristo'".[104]

Pero, más importante, la palabra de Dios dice:

Salmo 19:7: *"La ley del SEÑOR es perfecta, que convierte el alma, el testimonio del SEÑOR es verdad, que hace sabio al simple".*

---

[104] Dr. D. Martin Lloyd-Jones, *Estudios del Sermón del Monte.* (consulte su sección en Mateo 5:27-30.)

Además, la ley de Dios es el gran igualador. No importa si la persona tiene una educación o no la tiene, si es rico o pobre, influyente o común. La ley los deja a todos en un mismo lugar... culpables. He visto a hombres de negocios hablando seriamente acerca del evangelio con adolescentes que los confrontaron con la ley de Dios.

Permíteme explicar esta igualdad de otra manera. Digamos, por ejemplo, que te tropiezas con un orgulloso egresado de Biología, el cual está cursando estudios para alcanzar su doctorado en esa ciencia. Cuando se percate de que eres cristiano, su orgullo no te va a dejar pasar desapercibido. Va a querer dictaminarte como deficiente intelectualmente —Porque no eres igual que él— la forma más alta de vida que existe en la tierra... un evolucionista ateo. En realidad, no es otra cosa que un hombre débil, que ama su pecado y no quiere dejarlo. A pesar de declararse como un hombre de ciencia, es en realidad un hombre de fe *ciega*, que cree que todo viene de ... *nada*. ¡Asegura estar, incluso, más seguro de que *"la nada"* no provino de alguien llamado Dios! Quizás es uno de los que asegura que hubo un Big Bang.

No malgastes tu tiempo haciéndole preguntas razonables tales como: "¿De dónde salió la materia en el momento del Big Bang?" Recuerda, no estás tratando de convertir a un ateo en un teísta. Estás tratando de compartir el evangelio. Estás tratando de llevar a una persona, que se dirige al infierno, a entender que puede ser perdonada y escapar del juicio venidero. Si comienzas a discutir con él acerca de ciencia, su orgullo impío, su amor por el pecado y los años que ha invertido en una educación que está inmersa en la filosofía de la evolución, nunca le permitirán aceptar tus argumentos. En vez de discutir acerca de la ciencia, pregúntale si se cree una buena persona. Incluso en este punto, su orgullo va a hacer que defienda su propia justicia —(pero la mayoría de las personas, profundo en sus corazones, entienden que no son verdaderamente inocentes).

Si eres capaz de llevarle a través de la ley de Dios, le habrás sacado de su torre de marfil, de una supuesta superioridad intelectual, y obligado a tratar con su conciencia ¡He aquí, el gran igualador! Casi todo el mundo tiene una conciencia que nos ofrece convicción de la verdad acerca de nosotros mismos y de nuestro pecado.[105] El punto en usar la ley es para ayudar a la persona a entender que no es tan maravilloso como cree que es. Por ejemplo, si le preguntas a alguien común en la calle, si se considera una buena persona, la respuesta es un seguro "¡Sí!" A la mayoría de las personas les gusta evaluarse en la curva (i.e. comparándose a sí mismos con otros, como por ejemplo, los delincuentes). La Escritura declara que cuando nuestra justicia se compara con la perfecta ley de Dios, la boca de la persona se cierra (i.e. evita que la persona declare su propia bondad y se justifique a sí misma).

Romanos 3:19-20: *"He aquí, sabemos que todo lo que la ley dice, lo habla para aquellos que están bajo la*

---

[105] Hay algunos que, a causa de sus prácticas impías y odio a Dios, tienen conciencias cauterizadas y entenebrecidas, y han sido entregados a una mente depravada.

o 1 Timoteo 4:1-3: *"Pero el Espíritu dice claramente, que en los postreros tiempos, algunos apostatarán de la fe, escuchando a espíritus engañadores y a doctrinas de demonios, [2]por la hipocresía de mentirosos que, teniendo cauterizada la conciencia, [3]prohibirán casarse, y mandarán abstenerse de alimentos que Dios creó para que con acción de gracias participasen de ellos los creyentes y los que han conocido la verdad".*

o Efesios 4:18-19: *"...teniendo el conocimiento entenebrecido, ajenos de la vida de Dios por la ignorancia que en ellos hay, por la dureza de sus corazones; [19]los cuales, después que perdieron toda sensibilidad, se entregaron a la lascivia, para cometer con avidez, todo tipo de impurezas".*

o Romanos 1:28-32: *"Y como ellos no aprobaron tener en cuenta a Dios, Dios los entregó a una mente reprobada, para hacer cosas que no convienen, [29]estando atestados de toda injusticia, fornicación, perversidad, avaricia, maldad, llenos de envidia, homicidios, contiendas, engaños y malignidades, [30]murmuradores, detractores, aborrecedores de Dios, lujuriosos, soberbios, altivos, inventores de males, desobedientes a los padres, [31]necios, desleales, sin afecto natural, implacables, sin misericordia; [32]y aunque habiendo entendido el juicio de Dios, que los que practican tales cosas son dignos de muerte, no solo las hacen, sino también se complacen con los que las practican".*

ley, para que toda boca sea silenciada y que el mundo sea responsable delante de Dios; [20]porque por las obras de la ley ninguna carne será justificad delante de él, pues a través de la ley viene el conocimiento del pecado".

Ray Comfort ofrece una serie de preguntas para hacerle a la persona a la cual le estás testificando de Cristo. Las siguientes son algunas de estas preguntas junto con mis pequeñas paráfrasis :

1. *Trasfondo religioso o pregunta acerca de la espiritualidad:*
   Puedes comenzar diciéndole a la persona: "¿Puedo hacerle una pregunta interesante?" Si dice sí, entonces pregúntale: "¿Se considera usted una persona espiritual?" O quizás de esta manera: "¿Viene usted de un trasfondo cristiano?" Independientemente de la respuesta que dé, ya tiene a la persona pensando en cosas espirituales. Si la persona parece estar dispuesta a entablar una conversación, pasa a la segunda pregunta, si no, pregúntale: "¿Ya ha recibido uno de estos?" Seguidamente dele un tratados de calidad con el evangelio, y deséele un buen día.

2. *Pregunta de si es una buena persona.*
   Si la persona parece dispuesto a hablar, pregúntale si se considera a sí mismo una *buena persona*. Permítele que explique por qué piensa que ha hecho más bien que mal, o si trata a los demás de la manera que le gustaría ser tratado. Puede que la persona siga mencionando sus obras de caridad, clubes o asociaciones de ayuda a los que pertenece, sacrificios militares, afiliación con la iglesia, identificación con el reciclaje, etc.

3. *El test de la buena persona:*
   Pregúntale si puedes someter su reclamo de ser buena persona a prueba.
   • Pregunta si alguna vez ha escuchado los diez mandamientos de Dios .

- Pasa luego a explicar que los diez mandamientos son el estándar de rectitud establecido por Dios. Luego pregúntale a la persona si ha obedecido todos los mandamientos. Independientemente de lo que responda, dile: "Vamos a examinar lo que exigen algunos de esos diez mandamientos".

  A. Uno de los mandamientos es: *"No darás falso testimonio..."*
     - ¿ Alguna vez has dicho una mentira? ¿Cómo se le llama al que dice mentiras? Así que esto ¿en qué te convierte?
     - ❖ [Respuesta: Un mentiroso – Éxodo 20:16]

  B. Otro mandamientos es: *"No hurtarás"*.
     - ¿Alguna vez has tomado algo que no te pertenecía? (recuerda que no importa si era algo de poco valor, o si fue hace mucho tiempo). ¿Cómo se le llama al que ha robado? Por tanto, eso, ¿en qué te convierte?
     - ❖ [Respuesta: Un ladrón – Éxodo 20:15]

  C. Otro mandamientos es: *"No tomarás el nombre del Señor tu Dios en vano"*.
     - ¿Alguna vez has usado el nombre de Dios en vano, para maldecir, o en la frase "¡Ay, D... mío!" ¿Has tomado el nombre de Jesús para usarlo en una frase obscena? La Biblia dice *"... porque no dará por inocente Jehová al que tomare su nombre en vano"*. Éxodo 20:7.
     - Si es así, ¿en qué te convierte esto?
     - ❖ [Respuesta: en un blasfemo – Éxodo 20:7]

  D. Otro mandamientos es: *"No cometerás adulterio"*.

- Quizás piensas que no has cometido el acto del adulterio, pero Jesús dice que el que mira a otra persona con lujuria, ya ha *"cometido adulterio"* en su corazón: Mateo 5:28. Por tanto, ¿en qué te convierte esto?
- ❖ [Respuesta: Un adúltero de corazón, cuando menos – Éxodo 20:14]

E. Otro de los mandamientos es: *"No matarás."*
- Quizás puedes decir que no has matado a nadie, pero ¿Alguna vez has odiado a alguien?
  ¡La Biblia dice que si aborreces a alguien eres un homicida! 1 Juan 3:15: *"Todo aquel que aborrece a su hermano es un homicida, y sabéis que ningún homicida tiene vida eterna permanente en él"*. Así que, ¿en qué te convierte esto?
- ❖ [Respuesta: En el mejor de los casos, en un homicida en tu corazón, Éxodo 20:13]

4. *Pregunta de: ¿Cree todavía ser una buena persona?*
- A continuación explique que estos son solo cinco de los diez mandamientos, y que aún faltan otros cinco. Luego, pregúntele ¿todavía piensa que es verdaderamente "una buena persona" de acuerdo a los estándares de Dios, lo cual requiere que haya obedecido perfectamente sus diez mandamientos (en pensamiento, palabra y hechos) su vida entera?

5. *Pregunta de inocente o culpable:*
- Independientemente de la respuesta, pregunta a la persona: "Si usted muriese en los próximos cinco minutos, ¿sería juzgado inocente o culpable, con base en los diez mandamientos?"

6. _Pregunta acerca del cielo y el infierno:_

- ¿A dónde crees que irías, al cielo o al infierno? Vamos a mirar cuidadosamente lo que la Biblia dice que es el castigo para aquellos que simplemente han dicho una mentira: Apocalipsis 21:8: _"... y todos los mentirosos, tendrán su parte en el lago de fuego y azufre, que es la muerte segunda"._

❖ Si la persona dice que va al cielo, pregúntale por qué piensa esto. Puede que responda cosas tales como: "Invité a Jesús para que entrara a mi corazón". Asegúrate de que se haya arrepentido genuinamente de sus pecados y puesto su fe en Jesucristo.

❖ Si la persona dice que va al infierno, pregúntale si esto le preocupa. Frecuentemente le recuerdo a la persona que la eternidad no es tan solo la duración de otra vida... es por siempre y para siempre. La mayoría dirán que esto les preocupa mucho.

❖ El evangelio: Es este el momento en el cual le digo que la Biblia dice que no hay nada que él pueda hacer para ganar el perdón, pero Dios ha hecho esto posible por medio de Jesucristo. Luego le comparto a la persona lo que dice el evangelio que predicó Jesús: Marcos 1:14-15: _"... Jesús vino a Galilea, predicando el evangelio de Dios, [15]y diciendo, 'El tiempo se ha cumplido, y el reino de Dios se ha acercado, arrepentíos y creed en el evangelio.'"_

- ARREPENTIRSE _significa volvernos de nuestros pecados y abandonarlos por el poder de Dios._

- *CREER EN EL EVANGELIO* significa que la persona que ha "nacido de nuevo" por el Espíritu de Dios (Juan3:3-8)[106]:
  - Creerá que Jesucristo es Dios Omnipotente, y no hay pecado en él;
  - Creerá que el sacrificio de Jesús en la cruz es suficiente para pagar por nuestros pecados;
  - Creerá que Jesucristo resucitó de los muertos corporalmente al tercer día.
  - Creerá en Jesús como el Señor de todo y confesara esta verdad delante de otras personas.[107]

---

[106] [Sé que la información está repetida, pero es muy importante, y la repetición ayuda a la retención]

El poder de Dios – cuando se es nacido de nuevo. Note que el concepto de "creer en Jesús" es más que tan solo estar de acuerdo en algunos hechos acerca de él. El hombre está muerto espiritualmente, y es un acto de Dios lo que le permite entrar en el reino de Dios: *"De cierto, de cierto te digo, que si un hombre no nace de nuevo, no puede ver el reino de Dios".* Juan capítulo 3 no es una explicación de *cómo* uno es nacido de nuevo; es una explicación de qué este es la obra del Espíritu de Dios. Juan 3:3–8: *"Respondió Jesús y le dijo: "De cierto, de cierto te digo, que a no ser que alguien nazca de nuevo, no puede ver el reino de Dios". [4]Respondió Nicodemo: "¿Cómo puede un hombre nacer de nuevo, siendo viejo? ¿ Puede acaso, entrar en el vientre de su madre una segunda vez, y nacer?" [5]Respondió Jesús: "De cierto, de cierto te digo, que si no nace del agua y del espíritu, no puede entrar en el reino de Dios. [6]"Lo que es nacido de la carne, carne es, y lo que es nacido del Espíritu, espíritu es. [7]"No os maravilléis de que os dijese: 'Os es preciso nacer de nuevo.' [8]"El viento sopla y oyes su sonido, pero no sabes de dónde viene ni a dónde va, así es cada cual que es nacido del Espíritu".*

[107] Para un fundamento escritural acerca de estos conceptos, vea el apéndice al final del libro, titulado: *UN BOSQUEJO GENERAL DE LAS DOCTRINAS FUNDAMENTALES DEL CRISTIANISMO.* (Vea: Romanos 10:9: *"…que si confiesas con tu boca que Jesucristo es el Señor, y crees en tu corazón que Dios le levanto de los muertos, serás salvo"*).

Aquí lo tienes. En tan solo un par de minutos, has compartido el verdadero evangelio, usando la ley de Dios. Recuerda, no estás tratando que la persona haga un compromiso o que repita una oración. ¿Cuál es tu objetivo? Tu objetivo es compartir la verdad de Dios, en amor, por el poder del Espíritu Santo. ¡Eso es! Es tan solo el Espíritu Santo el que puede causar tal convicción en la persona de manera que sea traído a la salvación. Recuerda las palabras de Jesús en Mateo 7:14: *"Porque estrecha es la puerta y angosto el camino que lleva a la vida, y son_pocos_ los que lo encuentran"*.

La respuesta al sacrificio y al perdón de Cristo es, o aceptarle o rechazarle. Hebreos 2:3 dice: *"¿Cómo escaparemos si descuidamos una salvación tan grande?..."* Muchos descuidarán o incluso rechazarán abiertamente tal salvación, aunque no haya escape para ellos.

Cuando te das cuenta de que Jesús pagó un precio tal que tú nunca hubieras podido pagar, ¿cuál es el impacto de esto en tu devoción por Él? No es necesario que te enorgullezcas de ti mismo, cuando lo que haces es simplemente obedecer la Gran Comisión. En lugar de esto, debemos tener la actitud que Jesús nos dice:

> Lucas 17:7-10: *"¿Quién de vosotros, teniendo un siervo que ara, o apacienta ganado, al volver el del campo, luego le dice: 'Pasa, siéntate a la mesa'? [8]¿No le dice más bien: Prepárame la cena, cíñete, y sírveme, hasta que haya comido y bebido, y después de eso, come y bebe tu'? [9]¿Acaso da gracias al siervo porque hizo lo que se le había mandado? Pienso que no. [10]Así también vosotros, cuando hayáis hecho todo lo que se os ha ordenado, decid: Siervos inútiles somos, pues lo que debíamos hacer, hicimos'..."*

Que el Señor de la Mies bendiga tu humilde labor en su campo —para llevar a cabo la Gran Comisión (Lucas 10:2)

LA FALSA COMISIÓN

RESUMEN DE ESTE LIBRO

Dos cuestiones que deben siempre ser recordadas:

Nada más importa, sino EL REY y SU REINO
(cf. Mateo 13:44-46)
y
Separado de Jesucristo, nada puedes hacer.
(cf. Juan 15:5)

Una última cuestión refiriéndonos a lo que Jesús enseñó:
"Si sabéis estas cosas, bienaventurados seréis si las hiciereis."
(Juan 13:17 — ver contexto Juan 13:10-20)

APÉNDICE

UN BOSQUEJO GENERAL DE LAS DOCTRINAS FUNDAMENTALES DEL CRISTIANISMO.

Las doctrinas fundamentales y verdaderas se derivan de la *sola Escritura*, y no se originan a partir de la tradición religiosa, grupos eclesiásticos o concilios. Oswald Chambers afirmó:

> "Tendemos a olvidar que el compromiso del hombre con Jesucristo no es solamente respecto a la salvación; Debe comprometerse con la visión de Jesucristo acerca de Dios, del mundo, el pecado y el diablo, y esto significará que tiene que reconocer la responsabilidad de ser transformado por medio de la renovación de su entendimiento.[108]

El cristiano maduro está comprometido con la Biblia para formular sus creencias teológicas. A partir del estudio de las Escrituras uno puede afirmar las doctrinas que aparecen a continuación. La siguiente lista constituye un bosquejo general del cristianismo genuino:[109]

- **Inspiración, inerrancia y autoridad de las Escrituras:** Cristo es el Verbo encarnado de Dios: Juan 1:1,14, 2 Pedro 1:20-21, 2 Timoteo 3:16, Proverbios 30:5-6, Apocalipsis 22:18-19.

---

[108] Chambers, O. (1993, c1935). *Lo mejor de mí por Su Alteza: Selecciones para el año* (Septiembre 9). Grand Rapids, MI: Discovery House Publishers.

[109] El esquema es mayormente, aunque no exclusivamente, tomado de: MacArthur, J. (1994). *Fe imprudente: Cuando la iglesia pierde su voluntad de discernir.* p. 102. Wheaton, Ill: Crossway Books.

- **Nacimiento virginal:** Mateo 1:18-25, Lucas 1:34-35, Juan 1:14.

- **La Deidad de Jesucristo el Hijo de Dios:** Él es Dios encarnado (Dios en un cuerpo humano de carne y sangre): Colosenses 2:9, 1 Juan 5:20, Tito 2:13-14, Juan 8:58 y 10:30, Marcos 14:61-62, Juan 20:28, Marcos 15:39, Juan 21:14, Lucas 22:70, Juan 20:31.

- **La Humanidad de Jesús:** Su encarnación (1 Juan 4:2-3); fue tentado (Lucas 4:1-13), tuvo hambre (Mateo 4:2), sed (John 19:28), durmió (Mateo 8:24), murió (Marcos 15:39-45, Mateo 27:50).

- **La Impecabilidad de Jesús:** 2 Corintios 5:21, Hebreos 4:15, 1 Pedro 2:22, 1 Juan 3:5.

- **La Trinidad:** Padre, Hijo y Espíritu Santo. Hay un Dios, que existe eternamente en tres personas. Cada una de ellas posee la misma naturaleza y atributos, pero son diferentes en actividad y oficio: Deuteronomio 6:4, Mateo 28:19, Juan 10:30, Juan 17:21, Juan 10:38, 1 Juan 2:20-24. Jesús es el Hijo de Dios y Salvador (Juan 20:31).

- **Jesús—Hacedor de milagros, Todopoderoso y Creador de todas las cosas:** Juan 11:32-45, Mateo 12:22, Lucas 7:21-23, Mateo 15:30-31, Marcos 9:23, 10:27, Lucas 1:37, 18:27; Creador de todas las cosas: Juan 1:3, Juan 1:10, 1 Corintios 8:6, Apocalipsis 4:11, Génesis 1:1, Colosenses 1:15-17, Hebreos 1:2.

- **La depravación humana:** Cada persona es moralmente corrupta y pecaminosa, lo cual es la descripción de la condición de estar espiritualmente muerta con relación a Dios: Romanos 3:23, Efesios 2:1-3, Eclesiastés 7:20, Romanos 5:12, Salmos 14:1-3, Romanos 3:20, Salmos 143:2, Salmos 51:5.

- **La muerte expiatoria de Cristo y su resurrección corporal:** Cristo murió en la cruz como un sacrificio sustitutivo por los pecadores: 1 Pedro 3:18, 2 Corintios 5:21, 1 Corintios 15:1-7, Tito 2:13-14, Romanos 5:12-21, Hebreos 2:14, Juan 11:25-27, Juan 4:25-26, 1 Juan 2:1-2, Juan 21:14.

- **La persona es salva de la condenación eterna por la gracia de Dios a través de la fe en Jesucristo y su sacrificio que fue el pago por nuestros pecados por medio de su muerte en la cruz (y nada más):** La persona no es salva por sus buenas obras, por ser una buena persona, o por intentar obedecer la ley: Efesios 2:8-10, Gálatas 2:16-3:8, Romanos 4:4-5, Romanos 3:27-31, 5:11-21, Hechos 10:43, Tito 2:13-14, Juan 3:15-18.

- **El señorío de Cristo:** Romanos 10:9: *"...que si confiesas con tu boca que Jesús es el Señor, y crees en tu corazón que Dios le levantó de entre los muertes, serás salvo;* "Juan 13:13: *"Vosotros me llamáis Maestro y Señor, y hacéis bien, porque lo soy".* Ver también Filipenses 2:8-11, 1 Corintios 16:22-23, Romanos 14:9, Hechos 16:31, 1 Corintios 12:3, Hechos 2:21 y 36, Hechos 1:21, Mateo 12:8, Mateo 22:37, Isaías 45:23, Romanos 14:11.

- **El retorno de Cristo:** Su segunda venida: Juan 14:1-3, Mateo 26:64, Lucas 12:40, Mateo 24:27 y 42-51, Marcos 14:62, Juan 21:21-23. Marcos 13:26.

- **La condenación eterna en el infierno para los que no son salvados:** Juan 15:6, Apocalipsis 20:10-15, Apocalipsis 21:8, Juan 3:18, 1 Corintios 6:9-11, 2 Tesalonicenses 1:8-9, Juan 5:22, Marcos 9:43-48.

- **El Reino Eterno de Cristo en los cielos y la vida eterna para aquellos que Él redimió:** Juan 14:1-3, Mateo 19:28-29, Mateo 25:46, Juan 3:15-16, Apocalipsis 4:5-11, 1 Juan 5:20, Judas v.21, 1 Pedro 4:11, 1 Juan 1:2-4, Tito 2:13-14.

* Las doctrinas fundamentales son aquellas que son esenciales para que la persona pueda alegar que hace parte del verdadero cristianismo bíblico. ¿Cuáles son los fundamentos de la fe? La mayoría restringe la lista de las doctrinas fundamentales a aquellas que tienen que ver solamente con el tema de la salvación (Soteriología—la doctrina teológica de la salvación en el cristianismo). "Históricamente el fundamentalismo ha sido usado para identificar todo el que se adhiere a los cinco pilares fundamentales de la fe, adoptados por la Asamblea general de la Iglesia Presbiteriana de los Estados Unidos, en el 1910. Los cinco fundamentos fueron: Los milagros de Cristo, el nacimiento virginal de Cristo, la expiación sustitutiva (o vicaria) de Cristo, la resurrección corporal de Cristo y la Inspiración de las Escrituras. El fundamentalismo ha apoyado los fundamentos históricos del cristianismo, particularmente como fueron desarrollados en *Los fundamentos*. Estos salieron a la luz inicialmente en el formato de doce tratados, editados por R. A. Torrey y A. C. Dixon". Enns, P. P. (1997, c1989). *El Manual de Teología* de *Moody* p. 613. Chicago, Ill.: Moody Press. ¡La razón por la cual todo se limita a la doctrina de la salvación es debido a la maravillosa y sorprendente simplicidad de transformarse en un verdadero cristiano! Romanos 10:9: *"...que si confiesas con tu boca que Jesucristo es el Señor, y crees en tu corazón que Dios le levantó de entre los muertos, serás salvo..."*

THE FAKE COMMISSION[1]

NOTAS.

NOTAS

NOTAS

NOTAS